RECUEIL DE LETTRES,

CONCERNANT

Le different de M. l'Archevêque de Reims avec M. l'Evêque de Boulogne.

ON auroit defiré commencer ce Recuëil par la Lettre circulaire que M. de Reims écrivit à M. de Boulogne, pour l'inviter à l'Affemblée Provinciale de Reims, & par la réponfe que M. de Boulogne fit à cette Lettre ; mais on n'a pû avoir de copie de l'une ni de l'autre. On voit feulement par la II. Lettre de ce Recuëil, que M. l'Evêque de Boulogne nomma dans fa réponfe la Conftitution *Unigenitus*, à l'occafion des vexations qu'il avoit fouffertes de la part des Officiers de feu M. le Cardinal de Mailly, dont il lui portoit fes plaintes ; mais fans aucun deffein d'entrer en difpute fur ce fujet avec fon nouveau Métropolitain, dont il paroît au contraire qu'il vouloit fe concilier la bienveillance. Quoiqu'il en foit, cette réponfe attira à M. de Boulogne la Lettre fuivante.

I.

Lettre de M. l'Archevêque de Reims à M. l'Evêque de Boulogne.

A Verfailles le 18. Mars 1723.

JE fuis bien fâché, Monfeigneur, de l'accident qui vous eft arrivé, je vous fouhaite un prompt rétabliffement, on ne peut être plus fenfible que je le fuis à toutes vos politeffes, je vous en remercie de tout mon cœur.

Vous me parlez de Conftitution dans votre Lettre, quoiqu'il n'en fût pas mention dans la mienne. Puifque vous avez commencé, trouvez bon, s'il vous plaît, que je vous prie de vouloir bien ne point députer perfonne à l'Affemblée Provinciale, qui n'ait pour la Bulle *Unigenitus*, la foumiffion que les Loix de l'Eglife & les Déclarations du Roi prefcrivent : Vous favez, Monfeigneur, quelles font fur cela les difpofitions & les fentimens des Prélats de la Province : j'efpere que vous ferez attention à cette obfervation, que je crois vous devoir auffi-bien qu'à moi, pour éviter toute forte d'inconveniens.

A l'égard des injuftices que vous me marquez avoir été faites du tems de feu M. le Cardinal de Mailly, vous

A

me permettrez de vous dire qu'il n'eſt pas naturel de penſer que la ſimple acceptation de la Conſtitution ait pû ſervir de motif, comme vous le dites, pour confier des Benefices, même à charge d'ames, à des Prêtres ignorans ou dereglés dans leurs mœurs, vous avez ſans doute été prevenu, Monſeigneur ; on trouve ſouvent en ſoi-même des raiſons qui flattent, & il eſt aſſez ordinaire de les écouter. Je me perſuade qu'après un examen ſans prévention, vous trouverez que les régles de la Juſtice ont été plus exactement obſervées, qu'on ne vous l'a fait entendre. Pour moi je ne voudrois pas avancer que vos Juges euſſent regardé comme un crime l'attachement à la Conſtitution, je leur attribue des ſentimens plus équitables & plus judicieux, la Juſtice n'écoute ni l'amitié ni la haine : la mauvaiſe conduite doit être également punie dans ceux qui nous ſont unis, comme dans ceux qui ne le ſont pas ; & quelque témoignage de docilité que donne un Prêtre aux jugemens de l'Egliſe, lorſqu'il n'eſt pas capable, ou que d'ailleurs il eſt reprehenſible dans ſes mœurs, il doit être exclus du Miniſtere. Ce ſont mes ſentimens, Monſeigneur, & ceux des perſonnes que j'ai choiſies pour mon Officialité Métropolitaine : vous les trouverez toûjours en eux comme en moi, & toute la conſideration qui vous eſt dûe, & avec laquelle je ſuis votre très-humble & très-obéïſſant ſerviteur. *Signé,* l'Archevêque Duc de Reims.

I I.

Réponſe de M. l'Evêque de Boulogne à la Lettre precedente.

A Boulogne ce . . . . Avril 1723.

J'AI reçû, Monſeigneur, la Lettre qu'il vous a plû de m'écrire, en réponſe à celle que j'avois eû l'honneur de vous faire au ſujet de votre invitation à l'Aſſemblée Provinciale de Reims.

Je prevoyois dès lors, Monſeigneur, que je ne ſerois point en état de m'y rendre en perſonne ; à cauſe de mon grand âge, & de l'incommodité qui me reſtoit de ma chute de l'hyver dernier, & j'eus l'honneur de vous le mander dès ce tems-là. Mes infirmités n'ayant pas depuis diminué, & ma ſituation étant toûjours la même, je crois ne pouvoir prendre un parti qui vous ſoit plus agréable, par rapport à votre Aſſemblée, que celui de vous addreſſer directement ma Procuration & celle de mon Clergé. Par là, Monſeigneur, vous êtes le maître de diſpoſer de notre voix, pour deputer à l'Aſſemblée generale ceux que vous jugerez à propos, tant du premier que du ſecond Ordre.

Si on gardoit maintenant dans ces Aſſemblées ce qui s'y obſervoit autrefois très-religieuſement, & ce qui s'obſerve encore communément dans la plûpart des Métropoles, cette députation du premier Ordre devroit me regarder, ayant l'honneur d'être le plus ancien Evêque de la Province, & n'ayant point été deputé à aucune Aſſemblée generale ordinaire : mais je me departs volontiers de ce droit en faveur de qui il vous plaira, & de vous-même en particulier, Monſeigneur, ſi vous le deſirez.

Après cela je ne peux m'empêcher de vous marquer la peine que j'ai eue d'appercevoir dans la réponſe dont vous m'avez honoré, que vous cherchiez à me faire querelle au ſujet de la Bulle *Unigenitus* ; laquelle cependant ne peut avoir aucun rapport avec ce qui eſt à traiter dans l'Aſſemblée Provinciale.

Il importe peu auſſi que je ſçache quels ſont les ſentimens & les diſpoſitions de Noſſeigneurs les Evêques de la Province à l'égard de cette

Bulle, non plus que ce que penſent ceux du ſecond Ordre qui peuvent être deputés à cette Aſſemblée.

Au reſte je ne vois pas bien quels ſont les inconveniens ſur cela que vous craignez, Monſeigneur, & que vous m'exhortez d'éviter, je n'en connois, & n'en crains aucun qui pût me détourner d'y envoyer pour mon députe celui qui me conviendroit le mieux.

Quelque reſpect & quelque deference que j'aye pour votre qualité de Métropolitain, & pour votre perſonne, permettez - moi de vous le dire, Monſeigneur, je ne crois point que vous ſoyez en droit de m'impoſer aucune loi particuliere ſur le choix que j'aurois à faire. Mais comme de mon côté je ne veux point de querelle, je m'abſtiendrai de vous rien dire davantage à ce ſujet. Je n'aurai point même la curioſité de ſavoir quelles ſont les diſpoſitions & les ſentimens de nos illuſtres Confreres de la Province. Il ne ſeroit pas étonnant que je les ignoraſſe, puiſqu'étant tous parvenus à l'Epiſcopat depuis moi, j'ai eu peu d'occaſions de les pratiquer. Il y en a même quelques - uns que je n'ai point eû l'honneur de voir depuis qu'ils ſont Evêques.

Je ſuis plus inſtruit, & je ſerois plus en état de rendre un bon compte de ce que penſeroient au ſujet de la Conſtitution, les dignes Prélats qui occupoient leurs Siéges, lorſque j'eus l'honneur moi - même d'être appellé à l'Epiſcopat. J'ai eu le bonheur de les connoître preſque tous très-particulierement, & quelques - uns d'une maniere aſſez intime, pour pouvoir aſſurer que je ne penſe point ſur les affaires de la Bulle, differemment de ce qu'ils penſeroient eux-mêmes s'ils vivoient encore.

Quant aux injuſtices, Monſeigneur, dont j'ai pris la liberté de vous parler, qui ont été commiſes à l'égard de mon Diocéſe ſous feu M. le Car-

dinal de Mailly, je n'ai rien avancé que je ne ſois en état de vous prouver, lorſqu'il vous plaira me permetre d'entrer avec vous dans cet éclairciſſement; mais ce n'en eſt point ici le tems ni l'occaſion.

Il ne me reſte que d'avoir l'honneur de vous aſſurer que je ſuis avec tout le reſpect qui vous eſt dû, Monſeigneur, votre très-humble & très-obéïſſant ſerviteur. *Signé*, PIERRE, Evêque de Boulogne.

III.

Réponſe de M. l'Archevêque de Reims à la Lettre précedente.

A Reims ce 22. Avril 1723.

JE viens de recevoir, Monſeigneur, les procurations de votre part & de celle de vôtre Clergé. Je vous rends mille graces de la bonté que vous avez de vouloir bien vous en raporter à mon choix dans cette occaſion. J'en ai une veritable reconnoiſſance, & ſuis avec toute la conſideration poſſible, Monſeigneur, vôtre trés humble & trés obeiſſant ſerviteur. *Signé*, L'Archevêque Duc de Reims.

IV.

Autre Lettre de M. l'Archevêque de Reims à M. l'Evêque de Boulogne.

Du 29. Avril 1723.

C'EST avec la plus vive douleur que je me vois obligé, Monſeigneur, de vous declarer que je n'ai pû m'empêcher de rendre compte à l'Aſſemblée Provinciale de Reims, des differentes plaintes que l'on forme au ſujet de vôtre gouvernement dans vôtre Diocéſe : elles ont été portées au Conſeil des affaires Eccleſiaſtiques, où l'on a jugé à propos que j'en fiſſe part à l'Aſſemblée, qui a cru devoir charger ſes Députés à l'Aſſemblée generale de ſolliciter auprés du Roi la permiſſion d'aſſembler le Concile de ma Province, afin d'examiner leſdites plaintes, & ſi elles ne ſe trouvent pas bien fondées, de pouvoir vous procurer une prompte & entiere juſtification. Je le ſouhaite infiniment, Monſeigneur. Il eſt abſolument neceſſaire, & il doit vous importer beaucoup de faire ceſſer des bruits qui vous ſont ſi deſavantageux, & auſquels nous ne pouvons être que trés-ſenſibles, puiſqu'ils regardent un de nos Confreres que nous reſpectons tous ſingulierement, & moi plus que perſonne, qui ſuis avec une ſincerité parfaite, Monſeigneur, vôtre trés-humble & trés-obéiſſant ſerviteur. *Signé*, L'Arch. Duc de Reims.

V.

Réponſe de M. l'Evêque de Boulogne à la Lettre précedente

Du 12. Mai 1723.

C'Est avec le dernier étonnement que j'ai reçû, Monſeigneur, vôtre lettre du 29. du mois paſſé. Vous m'y declarez que vous n'avez pû vous empêcher de rendre compte à l'Aſſemblée Provinciale de Reims, des differentes plaintes que l'on forme au ſujet de mon gouvernement dans mon Diocéſe, & que cette Aſſemblée a cru devoir charger ſes Députés à l'Aſſemblée generale de ſolliciter auprés du Roy la permiſſion de convoquer le Concile de la Province afin d'examiner leſdites plaintes. Vous ajoûtez qu'il eſt abſolument neceſſaire, & qu'il doit m'importer beaucoup de faire ceſſer des bruits qui me ſont ſi deſavantageux.

Je vous avouë, M. que tout préparé que je ſois aux plus grands évenemens, je ne m'attendois point à celui-ci. Il falloit pour le prévoir, ſuppoſer de la part de l'Aſſemblée un mépris formel des Loix & des Regles que Jeſus Chriſt preſcrit à tous les Chrétiens; il falloit ſuppoſer dans un homme de vôtre rang & de vôtre naiſſance un manque de droiture, un caractere de diſſimulation & de déguiſement; & je ne me trouvois pas capable de porter des jugemens ſi deſavantageux.

Pouvois-je me perſuader, Monſeigneur, que ne m'ayant parlé de quoi que ce ſoit dans les Lettres que vous m'avez fait l'honneur de m'écrire, vous ſeriez devenu mon dénonciateur dans l'Aſſemblée Provinciale? Deux jours avant cette Aſſemblée vous m'écrivîtes encore pour me rendre, diſiez-vous, mille actions de graces, de ce que je vous avois adreſſé ma procuration & celle de mon Clergé, vous laiſſant le maître de les remplir de la maniere que vous jugeriez plus convenable. Dans cette Lettre, non plus que dans les précedentes, vous ne me dites pas un mot des plaintes que vous prétendez qu'on fait de moi : plaintes ſi graves neanmoins que vous avez cru les devoir porter à l'Aſſemblée, & ſolliciter la tenuë d'un Concile pour y remedier.

Eſt-ce-là, Monſeigneur, agir avec la droiture qui fait le caractere d'un homme de naiſſance, & avec la charité qui doit faire celui d'un chrétien? Bien plus, encore aujourd'hui, vous me laiſſez ignorer le ſujet de ces plaintes. Vous voulez que j'y remedie ſans me dire en quoi elles conſiſtent. Vous prononcez qu'il eſt abſolument neceſſaire que je faſſe ceſſer des bruits qui me ſont ſi déſavantageux, & vous m'ôtez en même-tems les moyens de les diſſiper.

Puis-je croire aprés cela, le dirai-je, M. que vous ayez envie de ne me pas trouver coupable? Si ce que vous me dites pour me le perſuader eſt bien ſincere, pourquoi donc m'avoir fermé toutes les voyes pour établir mon innocence?

Mais non, rien n'eſt plus capable de la montrer à toute la Terre, que la conduite qu'on tient à mon égard. On n'a point recours à des voyes injuſtes & irregulieres, quand on peut réüſſir par les voyes ordinaires. Je m'étonne qu'il ne ſe ſoit trouvé perſonne dans vôtre Aſſemblée, qui vous l'ait fait appercevoir. * *Sic non eſt inter vos ſapiens quiſquam?* Pour peu qu'on eût réflechi ſur une démarche de cette nature, on auroit vû que c'étoit me donner gain de cauſe, que de commencer, en voulant me juger, par violer des regles que Jeſus-Chriſt veut qu'on obſerve quand il s'agit de juger le dernier des Fideles. Si vôtre frere a peché contre vous, dit Jeſus-Chriſt, allez, repreſentez-lui ſa faute en particulier entre vous & lui; s'il vous écoûte, vous aurez gagné votre frere: mais s'il ne vous écoûte point, prenez avec vous une ou deux perſonnes, afin que tout ſoit confirmé par l'autorité de deux ou trois témoins; que s'il ne les écoûte pas non plus, dites-le à l'Egliſe; & s'il n'écoûte pas l'Egliſe même, qu'il ſoit à votre égard comme un Payen & un Publicain.

Voilà ce que vous deviez faire, Monſeigneur, avant que de porter vos plaintes contre moi à l'Aſſemblée Provinciale. C'eſt auſſi ce que devoit faire l'Aſſemblée avant que de charger ſes Deputés de ſolliciter la tenuë d'un Concile. Ou ces plaintes ſont fondées, ou elles ne le ſont pas. Si elles le ſont, j'ai la confiance qu'avec la grace de Dieu j'y aurois remedié ſur le champ. Si elles ne le ſont pas, je les aurois détruites; & par là vous auriez menagé l'honneur de vo-

tre Confrere, ou plûtôt vous auriez évité de ternir votre entrée dans l'Epiſcopat, ſouffrez que je le diſe, M. par une action qui ne trouve d'exemples dans l'antiquité que chez des Evêques auſquels il vous importe infiniment de ne pas reſſembler.

Non la poſterité ne le croira pas, que de tous les Evêques de votre Métropole, vous ayez choiſi le plus ancien d'âge & d'Epiſcopat pour le traiter d'une maniere ſi injurieuſe & ſi deshonorante. On aura peine à ſe perſuader que n'ayant pas encore eu le tems de connoître ce que c'eſt que le gouvernement d'un Dioceſe, vous ayez penſé à reformer la conduite d'un Evêque qui gouverne le ſien depuis vingt-cinq ans, & qui auparavant a rempli ſucceſſivement dans un autre Dioceſe pendant plus de vingt années les fonctions de Penitencier, d'Official & de Grand-Vicaire, qui a même exercé durant un tems l'Agence generale du Clergé. On demandera s'il étoit de la prudence pour vous de commencer par le Dioceſe de Boulogne à donner des marques de votre ſollicitude, & ſi vous étiez bien aſſuré qu'il n'y eût point de plus grands ſcandales dans votre Province. On demandera, dis-je, ſi depuis plus d'un ſiécle qu'on ne tient plus de Conciles en France, j'étois le premier qui eût merité qu'on uſât de cette voye extraordinaire contre lui; & ſi vous étiez le ſeul Métropolitain qui eût du zele pour le maintien de la Diſcipline Eccléſiaſtique.

Je ne peux m'empêcher, M. pour l'interêt que je prens à ce qui vous regarde, de ſavoir très-mauvais gré à ceux qui vous ont jetté dans cette malheureuſe affaire. Il faut qu'ils ſe mettent bien peu en peine de votre honneur pour le ſacrifier ſi gratuitement. C'eſt ici une époque qui ne ſera

B

---

* Eſt-ce donc qu'il ne ſe trouve point parmi vous un ſeul homme ſage? 1. *Cor.* 6. 5.

jamais oubliée, & jusqu'à la fin des siécles on lira dans les fastes de l'E-glise qu'un Archevêque de Reims de la maison de Rohan, a voulu intro-duire en France une forme nouvelle de redresser le gouvernement des Dio-céses, qu'il a frayé le chemin pour at-taquer les Evêques, toutes & quantes fois qu'on le jugera à propos, sans prévoir qu'en suivant les mêmes erre-mens on pouvoit lui en faire autant à lui-même.

En effet, M. plus j'examine de quelle nature peuvent être les pré-tendues plaintes dont vous me par-lez touchant le gouvernement de mon Diocése, plus je me persuade qu'elles ne peuvent regarder que les choses qui dépendent de la Jurisdiction pu-rement libre & volontaire de l'Evê-que. S'il s'agissoit de matieres con-tentieuses ou de refus de *visa*, la voye est ouverte au Métropolitain, quand on croit qu'on n'a pas justice du côté de l'Ordinaire. Et ainsi ne pouvant être question que de matieres qui con-cernent la Jurisdiction purement libre & volontaire, quel est l'Evêque que l'on ne pourra pas troubler dans son administration, dès qu'une fois on voudra le prendre par cet endroit?

Qu'un Evêque, par exemple, entre dans un Diocése où les études soient negligées depuis long-tems; qu'on lui presente dès la premiere Ordina-tion cinquante ou soixante Semina-ristes dont il n'en trouvera pas quatre qui soient en état de recevoir les Or-dres; qu'il renvoye les ignorans; qu'il rejette de son Seminaire, sans distin-ction de grands & de petits, tous ceux en qui il ne trouve pas des marques suffisantes de vocation; qu'il ne se rende pas plus facile pour le choix des Confesseurs; qu'il ne nomme aux benefices que ceux en qui il trouve la capacité & les bonnes mœurs dans

un degré suffisant; qu'il fasse obser-ver dans l'administration du Sacre-ment de Penitence, les régles de l'E-glise touchant le délai de l'absolu-tion; qu'il interdise les Confesseurs relâchés à mesure qu'il les connoît; & qu'il n'épargne rien pour le réta-blissement de la Discipline Ecclésia-stique, je vous le demande, M. quel soulevement ne verra-t-on point dans son Diocése? Quels cris, quelles plaintes n'entendra-t-on pas de tou-tes parts? Sera-t-il difficile en ce cas aux ennemis de l'Evêque de ramasser toutes ces plaintes, & de les porter au Conseil des affaires Ecclésiasti-ques? Et si ce Conseil les renvoye à une Assemblée comme celle de Reims; que l'Assemblée sans entendre l'Evê-que sollicite par ses députés la tenue d'un Concile pour examiner les plain-tes & juger l'Evêque, où en trouver un seul, je dis de ceux qui veulent faire leur devoir, qui puisse échaper & se mettre à l'abri de pareilles pro-cedures?

Mais depuis quand seroit-il permis de faire le procès à un Evêque sur des choses dont il ne doit rendre compte qu'à Dieu seul? Telles sont celles néanmoins sur lesquelles il pa-roît, M. que vous avez entrepris de me juger. Plus je m'examine encore une fois, moins je vois que les plain-tes dont vous me parlez puissent re-garder d'autres matieres que celles qui dépendent de la Jurisdiction pure-ment libre & volontaire. Et cela étant, quelle entreprise contre les droits des Evêques? Quel bouleversement, si ja-mais elle avoit lieu? Quelles suites funestes, si on vouloit y persister? Ignorez-vous ce que dit S. Cyprien, qu'un Evêque dans les choses de cette nature n'a de compte à rendre de son administration à qui que ce soit. * *Quâ in re nec nos vim cuiquam facimus, aut*

---

* Nous ne prétendons point donner la loi ni faire violence à personne dans cette affaire: chaque Evêque ayant dans l'administration de son Eglise la liberté de se comporter comme il lui plaît, sauf à rendre compte à Dieu de sa conduite. *Lettr LXXII au Pape Etienne.*

legem damus, ce font les paroles du Saint, *cum habeat in Ecclefia adminiftratione voluntatis fuæ arbitrium liberum unuf quifque præpofitus, rationem actus fui Domino redditurus.* Vous obferverez, M. que c'eft au Pape que S. Cyprien parle ainfi. N'eft-ce pas fur ce principe inconteftable qu'eft fondé tout le bon ordre & toute la difcipline d'un Diocéfe ? Que deviendroit la vigueur & la fermeté Epifcopale, fi on avoit à craindre les effets de la malice des hommes dans les chofes de la Jurifdiction purement libre & volontaire ? Les Evêques vos illuftres Confreres & les miens, fouffriront-ils qu'on leur enleve cette portion fi précieufe & fi facrée de leur Jurifdiction ? verront-ils tranquillement qu'on aviliffe leur caractere, en lui ôtant ce qui le rend plus augufte & plus indépendant ?

Je ne fai, M. fi vous y avez bien penfé avant que de vous engager ; mais ce dont je puis vous affurer, c'eft que vous ne pouviez vous addreffer plus mal que de m'attaquer, fi vous aviez envie de réuffir. Dieu me fait la grace de ne me pas épouvanter aifément. Je fuis affligé, mais je ne fuis point ébranlé de l'orage qui fe forme contre moi : au contraire plus je l'envifage, plus je fuis réfolu de défendre & de foutenir les droits de mon Miniftere jufqu'au dernier foupir. Avec ces fentimens & ces difpofitions, on peut aller loin. * *Sacerdos Dei Evangelium tenens, & Chrifti præcepta cuftodiens, occidi poteft, non poteft vinci.* Voilà ma maxime, M. j'efpere que Dieu me fera la grace de la mettre en pratique dans le befoin.

J'ai l'honneur d'être avec le refpect qui vous eft dû, Monfeigneur, votre très-humble & très-obéiffant ferviteur. *Signé*, † P i e r r e, Evêque de Boulogne.

V I.

Lettre Circulaire de M. l'Evêque de Boulogne aux Evêques de France, en leur addreffant la Lettre precedente.

Du 20. May 1723.

J'Ai l'honneur, Monfeigneur, de vous envoyer la copie d'une Lettre que M. l'Archevêque de Reims m'a écrite, avec la réponfe que j'y ai faite. Vous verrez par la lecture de l'une & de l'autre, combien l'affaire qu'on me fufcite aujourd'hui, eft importante pour tout l'Ordre Epifcopal. M. l'Archevêque de Reims entreprend de me faire rendre compte du gouvernement de mon Diocefe dans un Concile qui doit être extraordinairement convoqué. Il me parle de plaintes qui lui ont été renvoyées & à l'Affemblée Provinciale de Reims par le Confeil des affaires Ecclefiaftiques, au fujet de mon gouvernement, fans me dire en quoi elles confiftent. Je ne vois pas qu'elles puiffent regarder les chofes qui concernent la Jurifdiction contentieufe, & cette portion de la Jurifdiction gracieufe, où, en cas de réfus de la part de l'Evêque, le recours eft libre au Métropolitain. Ainfi quoique M. l'Archevêque de Reims m'ait laiffé ignorer jufqu'à prefent le fujet de ces plaintes, il paroît manifeftement qu'elles regardent uniquement les chofes qui dépendent de la Jurifdiction purement libre & volontaire.

Vous comprenez, M. de quelle conféquence il nous eft de ne pas nous laiffer entamer fur cet article. C'en eft fait de l'autorité Epifcopale, fi on entreprend de nous juger fur

---

* Un Prêtre du Seigneur qui demeure inviolablement attaché à l'Evangile, & qui obferve les préceptes de J C. peut bien être mis à mort ; mais il ne peut être vaincu.

des chofes dont nous ne devons rendre compte qu'à Dieu feul.

Je ne m'ingererai point, M. d'exciter votre zele à prendre en main la défenfe de cette caufe. C'eft la votre comme la mienne. C'eft celle de tous les Evêques, ou plûtôt c'eft la caufe de J. C. même fur les droits duquel on entreprend. Il faut que ceux qui ont tramé cette affaire, & qui ont fçû y engager l'Affemblée Provinciale de Reims, ayent crû qu'il n'y avoit plus d'Evêque en France, qui fût attentif à fes droits les plus facrez & les plus inviolables. Pour moi, M. j'en juge bien differemment. Je fuis perfuadé que je trouverai en vous un Prélat qui fentira vivement l'outrage que l'on fait à fon caractere en la perfonne d'un de fes Confreres, & qui prendra les mefures les plus convenables pour y remedier. * *Non fic, quamvis noviffimis temporibus, in Ecclefiâ Dei aut Evangelicus vigor cecidit, aut Chriftiana virtutis & fidei robur elanguit, ut non fuperfit portio Sacerdotum, quæ minimè ad has rerum ruinas & fidei naufragia fuccumbat, fed fortis & ftabilis honorem divinæ Majeftatis & Sacerdotalem dignitatem plenâ timoris obfervatione tueatur.*

Faites-moi la grace, M. de me communiquer vos vûës & de m'affifter de vos confeils. Je me ferai un devoir de les fuivre ponctuellement. J'ai déja eu l'honneur d'écrire à ce fujet à M. le Cardinal premier Miniftre. Ne feroit-il point à propos que vous priffiés la peine, M. de faire la même chofe, & de lui faire voir quelles pourroient être les fuites de cette démarche, fi on étoit réfolu de la pourfuivre ? Ne conviendroit-il pas auffi que vous vouluffiés bien écrire à MM. les Agens generaux du Clergé, pour leur recommander de ne pas négliger les interêts de l'Epifcopat dans cette occafion ?

Il eft bon que vous foyés informé, M. que MM. les Evêques d'Amiens & de Beauvais ne fe font pas trouvés à l'Affemblée Provinciale de Reims. On m'a écrit de cette Ville, que le dernier n'y a pas même envoyé de Député ni fa procuration. La mienne étoit limitée aux affaires temporelles, & on n'a pas laiffé de paffer outre. J'ai l'honneur d'être avec beaucoup de refpect, Monfeigneur, vôtre très-humble & très-obéïffant ferviteur. *Signé* † Pierre Evêque de Boulogne.

VII.

Réponfe de M. l'Archevêque de Reims à la Lettre de M. de Boulogne du 12. Mai 1723.

A Reims, le 13. Juin 1723.

JE n'aurois pas crû, Monfeigneur, que la Lettre que j'ai eu l'honneur de vous écrire le 29. Avril dernier, m'eût attiré la réponfe que vous m'avés faite ; j'avois gardé tous les ménagemens que je pouvois devoir à votre âge & à votre caractere, & je vous laiffois affés appercevoir la peine que j'avois eu de parler à l'Affemblée des plaintes que l'on fait fur ce qui fe paffe dans votre Diocefe.

Rien ne m'eût été plus fenfible, M. que les reproches que vous me faites de diffimulation & de déguifement, fi j'euffe crû les avoir merités. Il eft vrai que dans les Lettres que je vous

ai

---

* Quoique nous foyons arrivés aux derniers tems, la vigueur Evangelique n'eft pas tellement éteinte, & la force de la vertu & de la foi Chrétienne n'eft pas tellement affoiblie dans l'Eglife de Dieu, qu'il n'y refte un nombre d'Evêques, qui au milieu de cette decadence univerfelle, & de ces naufrages de la Foi, ne fe laiffent point ébranler ; mais qui demeurant fermes & conftans, maintiennent l'honneur de la Majefté divine & la dignité du Sacerdoce, avec l'attention Religieufe qui eft dûe à la verité. *S. Cyprien Lettre 67. au Clergé & au Peuple d Efpagne.*

ai écrites, je ne vous ai point fait part de ce que je devois dire à l'Assemblée, mais en verité, M. pouviez-vous ignorer les plaintes dont il s'agissoit ; ne vous avois-je pas même déja parlé dans mes premieres Lettres des dispositions & des sentimens des Prélats de la Province, & ne vous avois-je pas suffisamment fait sentir la douleur que j'avois de vous voir si éloigné de leur esprit & de leur conduite ; la maniere dont vous m'avés répondu ne pouvoit me permettre de vous faire de nouvelles representations, & je n'avois pas même lieu d'esperer qu'elles dûssent vous faire quelque impression. D'ailleurs me convenoit-il dans le tems que vous me faisiez une politesse en vous en rapportant à moi sur le choix d'une Personne pour vous representer à l'Assemblée, de vous rendre compte d'une démarche qui devoit vous être desagréable, & que je ne pouvois cependant pas m'empêcher de faire par amour & par attachement pour la Religion. Je ne regarde donc point, M. vos reproches & les traits satyriques que vous y mêlez, comme une juste censure de ma conduite, je les envisage seulement comme un effet de votre sensibilité.

Ce qui m'a le plus surpris, c'est l'injure que vous faites à mes Illustres Confreres & à toute l'Assemblée ; vous dites que vous vous étonnez qu'il ne se soit pas trouvé dans le nombre de ceux qui la composoient une seule Personne de sage *, *sic non est inter vos sapiens quisquam* ; comment, M. une telle application a-t-elle pû vous échaper ? je leur dois ce témoignage, qu'on ne peut agir avec plus de prudence & de moderation, ni s'expliquer à votre sujet avec plus de respect & de ménagement qu'ils ont fait.

Vous leur reprochez, M. de n'a-

voir point observé ce que prescrit l'Evangile, lorsqu'il dit, si votre Frere a peché contre vous, allés, representés-lui sa faute en particulier entre vous & lui, &c. Cette regle, M. devoit-elle avoir lieu dans cette occasion ? il s'agissoit de plaintes répandues dans toute l'Eglise, & portées au Conseil de S. M. On ne pouvoit douter qu'elles ne vous fussent connuës, puisque par des Ecrits publics vous aviez même autorisé la conduite qui y avoit donné lieu ; pouvés-vous en effet ignorer celles des Habitans de S. Pol en Artois, de Calais, de d'Ohen & de plusieurs autres endroits de vôtre Diocése ? quel éclat n'ont pas fait les murmures de la plûpart des Ordres Religieux, à qui l'on dit que vous avez retiré vos pouvoirs, afin de forcer les Peuples qui vous sont confiés de s'adresser à des Prêtres ausquels ils n'ont nulle confiance ? ne savez-vous pas que plusieurs de vos Diocésains vont chercher les Sacremens dans les Diocéses voisins, ne voulant pas les recevoir de la main des Pasteurs que vous leur donnez ? pouvez-vous n'être pas instruit des plaintes que l'on fait du refus dans lequel vous persistés de vous réunir au Corps Episcopal & au Chef visible de l'Eglise au sujet de la Bulle *Unigenitus* ? Ignorez-vous la peine que l'on a de voir dans bien des Ecrits qui ont parû sous votre nom & que vous n'avez point desavoüez, certaines expressions peu respectueuses pour la memoire du feu Pape, contre lesquelles même l'Autorité Royale s'est déclarée avec tant de force ? je m'en rapporte à vous ; cette conduite n'est-elle pas devenuë pour la plus grande partie de vos Diocésains, une source de dissension & de discorde, de façon que vos Peuples en prennent occasion de se soustraire à votre Autorité ? Peut-il y

C

---

* Est-ce donc qu'il n'y a pas un homme sage parmi vous ? 1. Cor 6. 5.

avoir un plus grand mal qu'une division si funeste, & en est-il à qui il soit plus nécessaire de remedier?

Je ne pouvois donc m'empêcher, M. de demander à l'Assemblée Provinciale son avis sur ce qu'il falloit faire en pareille occasion, & cette Assemblée ne pouvoit jamais donner de plus grandes marques de sa sagesse dans une telle circonstance, que d'avoir recours à la pieté & la bonté du Roi pour obtenir de S. M. la permission d'assembler un Concile de la Province où l'on pût examiner ces plaintes, y prendre des moyens sûrs pour les faire cesser, & vous engager vous-même par toutes les voyes que peut inspirer l'esprit de Religion & de Charité qui preside dans ces Assemblées, à y apporter des remedes convenables.

Vous dites, M. que la voye du Concile Provincial n'est point une voye légitime, & que c'est passer pardessus les Régles que de vouloir y avoir recours en cette occasion. Permettez-moi de vous demander si ce n'étoit pas l'ancienne Discipline de l'Eglise, si ce n'a pas été autrefois l'usage de toutes les Provinces du Royaume, & en particulier de celle de Reims. Le Clergé de France a toûjours souhaité de voir rétablir ces saintes Assemblées depuis le tems que l'usage en a été interrompu; les Assemblées de 1625. 1650. & 1670. en ont fait des Déliberations expresses. M. le Tellier mon Predecesseur eut même l'honneur de faire à ce sujet au nom du Clergé de très-humbles Remontrances à S. M. Comment pouvez-vous donc soûtenir, M. que je veux introduire en France une nouvelle Forme en recourant à ce moïen avec mes illustres Collegues au sujet d'une division que l'on dit être des plus éclatantes, & des plus marquées dans un Diocése dont j'ai l'honneur d'être Métropolitain? comment pouvez-vous croire que l'Epoque d'une démarche si Canonique & la mémoire qui en sera conservée dans les Fastes de l'Eglise, soient flétrissantes pour moi & pour ma Maison.

Vous croyez, M. que les plaintes qui ont été portées à l'Assemblée Provinciale ne peuvent regarder que l'exercice de la Jurisdiction, purement libre & volontaire, & sur ce principe vous pensez qu'elles ne peuvent être du Ressort d'un Concile Provincial. Oserois-je vous demander sur quoi vous fondez cette maxime? le peu de connoissance que j'ai encore du Gouvernement peut me la faire ignorer; il me paroît néanmoins que dans les anciens Conciles on y traitoit de toutes les affaires qui regardoient la Jurisdiction des Evêques de quelque nature qu'elle fût. On trouve dans la plûpart des Conciles Provinciaux des Canons qui réglent la Jurisdiction volontaire, comme on en trouve qui regardent la Jurisdiction contentieuse. Un Pape écrivant à des Evêques de France reconnoît cette Autorité, lorsqu'il leur dit *, *ut si quid usquam vel in ordinandis Episcopis vel Præsbiteris, aut cujuslibet loci Clericis faciendis contra Præcepta Apostolica reperitur admissum aut in eorum conversatione quippiam reprobatur, communi omnium autoritate resecetur.* Et en verité, M. n'est-ce pas rendre notre Autorité odieuse, que de vouloir lui donner l'indépendance absoluë que vous lui attribuez? quel prétexte ne fournissez-vous pas aux ennemis de l'Eglise, d'insulter à notre Auguste Caractere & à cette même Autorité? quoique nous l'ayons reçûe de J. C. pouvons-nous nous empêcher de re-

---

* *Que ces Assemblées se tiennent*, afin de corriger par l'autorité commune de tous, ce qui se trouve avoir été fait par quelques-uns contre les preceptes Apostoliques dans l'ordination des Evêques, des Prêtres, & des Clercs de quelque lieu que ce soit, ou ce qu'il y a de reprehensible dans leur conduite.

connoître que l'exercice en est soumis à l'Eglise & à ses Loix ; je ne crois pas qu'il y ait aucun Evêque en France qui puisse revoquer en doute cette maxime. Si vos principes avoient lieu, M. un Evêque pourroit n'ordonner & n'approuver que des Prêtres manifestement rebelles à l'Eglise, laisser par ce moyen ses Peuples exposez à la seduction ; & sous prétexte que toutes ces choses dépendent de la Jurisdiction purement libre & volontaire dont on ne doit rendre compte qu'à Dieu seul, il ne seroit point permis de remedier à des abus si visibles, & il n'y auroit point d'autorité sur la Terre qui pût faire rentrer un pareil Evêque dans son devoir. S. Cyprien dont vous vous appuyez dans vôtre Lettre, & des paroles duquel vous ne faites pas une application juste, puisqu'il ne les avance qu'en supposant une discipline observée depuis long-tems dans son Eglise, étoit bien éloigné de ces maximes, lui qui assembla des Conciles pour y exposer sa conduite au sujet de la dispute qu'il avoit avec le Pape Estienne, & pour la faire approuver par le suffrage de ses Collegues.

Vous voyez, M. que la demarche dans laquelle nous nous sommes engagés n'a rien que de régulier, qu'elle est fondée sur l'ancien usage de l'Eglise, & sur l'esprit qui y regne encore aujourd'hui ; nous la soutiendrons, si Sa Majesté veut bien nous permettre de la suivre ; mais ce ne sera jamais que par une conduite pleine de douceur & de ménagement, & avec un desir très-sincere de vous voir concourir avec nous à l'union, & à la paix qui fait l'unique objet de nos vœux.

Ce que vous pourriez me dire de picquant & d'injurieux, ne sera jamais capable de me faire violer les Régles de la Charité & de la bienséance, je me souviendrai toûjours de ce que prescrit l'Apôtre S. Paul *, *omnis amaritudo & ira & indignatio tollatur à vobis, estote autem benigni & misericordes, dantes invicem sicut & Deus in Christo donavit vobis.* Dans cet esprit, M. de quelque maniere que vous receviez cette Lettre, je suis resolu de ne point entrer en dispute, mais d'attendre dans le silence & dans la paix, les Ordres qu'il plaira à Sa Majesté de donner sur la demande que la Province a pris la liberté de lui faire. Je suis avec toute la consideration possible, MONSEIGNEUR, Votre très-humble & très-obéïssant Serviteur,

L'ARCH. DUC DE REIMS.

VIII.

Réponse de M. l'Evêque de Boulogne à la Lettre de M. de Reims du 13 Juin 1723.

A Boulogne le 24. Juillet 1723.

J'Ai reçû, MONSEIGNEUR, dans le cours de mes visites la Lettre qu'il vous a plû de m'écrire, en réponse à la derniere que j'avois eu l'honneur de vous adresser. Je l'ai lûe avec attention, & j'ai compris en la lisant, qu'elle demandoit de moi une nouvelle réponse. Je vous supplie d'être persuadé que ce n'est ni l'esprit de dispute, ni l'envie d'avoir raison, qui me porte à la faire. J'ai appris de S. Augustin † que le bien de l'homme n'est pas de vaincre un autre homme ; mais de vouloir bien que la verité triomphe de lui. Qu'elle

---

* Que toute aigreur, tout emportement, & toute colere ..... soient bannies d'entre vous. Mais soyez bons les uns envers les autres, pleins de compassion & de tendresse, vous entrepardonnant mutuellement comme Dieu vous a pardonné en J. C. *Eph.* 4. 31.

† Ep 138 c. 5. n. 19.

triomphe de moi, M. fi j'ai tort ; mais auffi qu'elle triomphe de vous, fi j'ai raifon : car elle triomphera de nous bon gré malgré, & notre plus grand malheur feroit qu'elle triomphât de nous malgré nous.

Vous commencez votre Lettre, M. par vous plaindre de la maniere dont j'ai répondu à celle que vous prîtes la peine de m'écrire le 29. Avril, pour me déclarer le refultat de l'Affemblée Provinciale de Reims à mon fujet. *Vous n'auriez pas cru, dites-vous, que cette Lettre vous eût attiré la réponfe que je vous ai faite.* Vous prétendez avoir *gardé tous les ménagemens* qui pouvoient m'être dûs, & dans l'examen que vous faites de la conduite qu'on a eu avec moi, vous ne trouvez rien dont j'aye lieu de m'offenfer, rien qui ne foit Canonique, & qui ne parte de l'efprit de Religion & de Charité.

Je vous avouë, M. que ce commencement de votre Lettre ne laiffe pas de m'embarraffer. Si les reproches que je me fuis vu dans la néceffité de vous faire vous ont été defagréables, j'apprehende que ne pouvant me difpenfer de les juftifier, je ne vous caufe de nouvelles peines. Dans l'embarras où vous me mettez, s'il m'étoit permis de fouhaiter de n'avoir pas raifon fur les procedez, je ne fai fi je ne ferois pas un fouhait auffi extraordinaire, pour ne pas revenir fur une matiere dont je n'ai parlé la premiere fois qu'avec une extrême douleur. Car enfin, M. dès que je voudrai infifter fur l'irrégularité de la conduite que vous avez tenue envers moi, je ne manquerai ni de preuves, ni de raifons pour me faire écouter. Le Public m'a déja rendu fur ce point une juftice pleine & entiere ; & il ne m'en croiroit pas aujourd'hui, fi je voulois lui perfuader que vous avez eu raifon de ne m'avoir point donné connoiffance des plaintes que vous deviez porter à l'Af-

femblée contre mon gouvernement, & de m'avoir caché le projet d'un Concile Provincial concerté affez long-tems avant la tenue de l'Affemblée.

De bonne foi, M. croyez-vous vous-même que c'eft bien juftifier votre filence fur ces deux chefs, que de rappeller, comme vous faites, ce que vous aviez jugé à propos de m'écrire dans une de vos Lettres, plus d'un mois avant l'Affemblée ? Voicy ce que vous en dites dans celle à laquelle j'ai l'honneur de répondre : *Pouviez-vous ignorer les plaintes dont il 'agiffoit ? ne vous avois je pas même déja parlé dans mes premieres Lettres des difpofitions & des fentimens des Prélats de 'a Province ? & ne vous avois-je pas fuffifamment fait fentir la douleur que j'avois 'e vous voir fi éloigné de leur efprit & de 'eur conduite ? la maniere dont vous m'aviez répondu ne pouvoit me permettre de vous faire de nouvelles reprefentations.*

Je fupprime par difcretion, M. les réflexions que je pourrois faire fur tout ce difcours. Je me renferme à ne rapporter que la réponfe que je fis alors à votre charitable reprefentation. *Il importe peu, vous difois-je, que je fois informé des difpofitions & des fentimens de MM. nos illuftres Confreres de la Province au fujet de la Conftitution Unigenitus, puifqu'il n'en doit pas être queftion dans notre Affemblée Provinciale.*

Je ne vois pas bien quel rapport peuvent avoir, & votre repréfentation & ma réponfe, avec le reproche que j'ai pris la liberté de vous faire, de m'avoir caché les plaintes qu'on faifoit contre mon gouvernement, & le projet concerté de demander un Concile pour les examiner.

Mais fuppofons, fi vous voulez, que le rapport entre ces chofes fût auffi exprès, & auffi fenfible qu'il l'eft peu, dites-moi, je vous prie, M. cela vous difpenfoit-il d'obferver les régles que toutes les loix, la raifon, la bienfean-

ce

ce preſcrivent dans le cas où un Evêque ſeroit accuſé, même de prevarication dans ſes devoirs & dans l'exercice de ſon Miniſtere? la premiere & la plus indiſpenſable de toutes ces régles eſt, ſelon les Canoniſtes, de communiquer à l'accuſé les chefs d'accuſation & de plaintes qu'on auroit formez contre lui. *

Il ſemble, M. que vous prétendiez encore juſtifier votre ſilence par les égards que vous voulûtes bien avoir pour la *politeſſe* que je vous fis, en vous envoyant ma procuration, & vous laiſſant le choix d'une perſonne pour me repreſenter à l'Aſſemblée; mais n'eſt-ce pas au contraire ce qui rend votre procédé plus inexcuſable? la bonne foi, la candeur, & l'honnêteté avec leſquelles je me conduiſois avec vous, ne demandoient-elles pas que vous en uſaſſiez de même avec moi? Avouez, M. ou bien ſouffrez que je le diſe, ſans que vous vous en offenſiez, que quand on eſt reduit à faire valoir des moyens de cette nature pour ſe juſtifier, il faut conclure qu'on en eſt abſolument depourvû.

Quant à la plainte qu'il vous plaît de faire que j'ai mêlé des *traits Satyriques* dans mes reproches; je vous dirai ſimplement que je n'en reconnois point dans ma Lettre; & s'il en étoit échapé quelques-uns à ma plume, je puis bien vous aſſurer que ç'auroit été ſans y penſer, & contre mon intention.

Pour ce qui eſt de *l'injure* que vous m'accuſez de faire à nos illuſtres Confreres en leur appliquant les paroles de S. Paul: † *Sic non eſt inter vos ſapiens quiſquam?* Je proteſte, & je vous ſupplie de le croire, que je n'ai eu aucun deſſein de leur en faire une application odieuſe, en prenant les termes à la rigueur, & dans l'étendue de leur ſignification. Je n'ai prétendu autre choſe, ſinon de marquer ma ſurpriſe de ce qu'aucun de ceux qui compoſoient l'Aſſemblée, n'avoit penſé qu'il étoit des régles d'avertir avant toutes choſes, leur Confrere de ce qui ſe tramoit contre lui, & contre l'honneur de leur commun caractere.

S'ils en avoient uſé de la ſorte, alors ils auroient pû meriter le témoignage que vous leur rendez de s'être comportez *avec prudence & avec moderation.* Mais de la maniere que les choſes ſe ſont paſſées à mon égard dans votre Aſſemblée, qu'il me ſoit permis de le demander; où eſt la ſageſſe, la prudence, la moderation? On a loué l'Aſſemblée Provinciale de Roüen, de n'avoir pas voulu ſe prêter aux deſſeins à peu près ſemblables que l'on avoit formés contre M. l'Evêque de Bayeux. Si celle de Reims en avoit uſé de même, je ſuis perſuadé que le Public lui auroit rendu la même juſtice.

Vous voulez, que cette Aſſemblée n'ait pas été dans le cas d'obſerver envers moi ce que preſcrit l'Evan-

D

---

* *Si quis adverſus Epiſcopum cauſam habuerit, non priùs alios Epiſcopos, vel alios judices adeat, ut eum accuſet, quam familiariter ei ſuam indicet querelam, & ab eo juſtam emendationem, aut rationabilem percipiat excuſationem: ipſá nos inſtruente Veritate,* SI PECCAVERIT IN TE FRATER TUUS, VADE ET CORRIPE EUM INTER TE ET IPSUM SOLUM. SI TE NON AUDIERIT, ADHIBE DUOS VEL TRES TECUM; ET SI VOS NON AUDIERIT, DIC ECCLESIÆ; id eſt, accuſa eum publicè, tunc & non priùs. *Capitul. lib.* 7. *tom.* 1. *pag* 1100

Si quelqu'un a une demande à former contre un Evêque, qu'il n'aille point trouver les autres Evêques ou les autres Juges, pour l'accuſer, qu'auparavant il ne lui ait fait connoître en particulier & ou ami, le ſujet de plainte qu'il a contre lui, & qu'il n'ait reçû de lui ou la ſatisfaction qu'il a droit d'attendre, ou quelque excuſe raiſonnab'e : la verité nous donnant elle même cette régle, *ſi votre frere a peché contre vous, allez lui repreſenter ſa faute en particulier entre vous & lui. S'il ne vous écoute pas, prenez avec vous deux ou trois témoins; & s'il ne vous écoute pas, dites-le à l'Egliſe; c'eſt-à-dire, accuſez-le alors publiquement,* alors & non auparavant.

† Eſt-ce donc qu'il n'y a pas un ſeul homme ſage parmi vous? 1. *Cor.* 5. 6.

gile sur la correction fraternelle, s'a-
gissant, dites-vous, *de plaintes répandues dans toute l'Eglise & portées au Conseil de Sa Majesté. De plaintes répandues
dans toute l'Eglise*; M. je n'en connois
point, à moins que vous ne vouliez
que je regarde comme telles, quelques Requêtes inserées dans la Gazette des mensonges, qui a pour titre : *Supplément à la Gazette de Hollan
de.* Mais quand les plaintes auroient
été aussi publiques que vous le dites,
où étoit l'inconvenient de m'écouter, avant que de prendre contre moi
une résolution si extraordinaire ?
n'est-il donc jamais arrivé qu'on ait
fait des plaintes mal à propos contre
un Evêque, qu'on l'ait calomnié,
qu'on l'ait diffamé ? Quel risque cour-
roit-on de me demander si les faits
exposés dans ces Requêtes étoient
veritables ? Il semble qu'on appre-
hendoit que je ne dissipasse toutes ces
plaintes, dès qu'elles viendroient à
ma connoissance, puisqu'on avoit pris
des mesures pour m'empêcher de me
trouver à l'Assemblée Provinciale, au
cas que j'eusse été disposé d'y aller ;
ce que j'ai sçû bien certainement par
plus d'un endroit, après avoir envoyé
ma Procuration.

Il est étonnant avec quelle facilité
on écoute, & on donne créance à ce
qu'on croit m'être desavantageux &
me pouvoir nuire. Il n'y a gueres
qu'un an, qu'un miserable * chargé
de toute sorte de crimes, m'accusa
de lui avoir fait faire un Appel de
la Constitution des plus extravagans,
dans mon Eglise Cathedrale, un jour
de fête, en présence de tout le peuple, de l'avoir fait habiller en Prêtre de l'Oratoire, d'avoir chanté le
Te Deum en action de graces, & fait
sonner les cloches pour marque de
réjouissance. L'imposture a couru tout
le Royaume. Un Evêque a donné
dedans, & l'a autorisée. L'Acte qui

la contenoit aussi-bien que la revo-
cation de ce ridicule Appel prétendu, a été signifié au Greffe de mon
Officialité, sur des ordres superieurs
que l'on avoit surpris. L'imposture a
été depuis reconnue, & l'imposteur
puni.

Un exemple si recent, ne doit-il
pas donner de la défiance de ce qu'on
répand aujourd'hui contre moi ? Cependant on ne prend aucunes mesures pour s'assurer de la verité des faits
contenus dans des Requêtes qui me
deshonorent. Quelle conduite, M.
y reconnoît-on cet esprit de sagesse
& de moderation, que vous voulez
m'y faire appercevoir.

Vous me demandez si je puis *ignorer les plaintes des habitans de St. Pol en
Artois, de Calais, de Doben & de plusieurs autres endroits de mon Diocese.*
Non, M. je n'ignore point ce qui
s'est passé dans tous ces lieux. C'est
ce qui fait depuis long-tems le sujet
de mes larmes & de mes gemissemens.
Mais je ne savois pas qu'on dût sol-
liciter la tenue d'un Concile pour
autoriser tous ces peuples dans leur
revolte. Quoi ! M. des peuples qui
ont arraché les Prêtres de l'Autel,
comme on a fait à St. Pol, & à Quernes que vous avez oublié ; qui les
ont poursuivis pour les mettre à mort ;
qui ont vomi mille & mille exécrations dans le Sanctuaire ; qui ont commis des irreverences & des profanations horribles dans le tems des SS.
Mysteres ; qui ont lapidé les oints du
Seigneur ; qui sont venus à main ar-
mée, comme on a fait dans quelques
endroits, pour empêcher ceux qui
leur étoient donnez pour Pasteurs,
de prendre possession de leurs Cures ;
qui ont exposé leurs enfans à mourir sans Baptême, plûtôt que de souf-
frir qu'ils fussent baptisez par des Curez qui les avoient baptisez eux-
mêmes, lorsqu'ils étoient venus au

---

* Le nommé *Blaise Godard.*

monde. Ce sont ces Peuples dont vous recevez aujourd'hui les prétendues plaintes : c'est en leur faveur que vous sollicitez la tenuë d'un Concile contre moi ; & au lieu de prendre des mesures pour les porter à la Penitence, & leur faire reparer les scandales qu'ils ont causés, vous employez les voyes les plus propres, pour leur persuader qu'ils ont eu raison de se soulever. Ah ! M. est-il possible que vous n'ayez pas prevû toutes les suites d'une demarche comme celle-ci ? vous voulez, dites-vous, appaiser les troubles de mon Diocése ; & cependant il est visible que vous y mettez le feu de tous les côtez. Qui ne se croira en droit de s'élever desormais contre moi & contre ce que j'ai de meilleurs Ecclésiastiques, quand on verra un Archevêque & les Evêques d'une Province, canoniser une révolte qui demanderoit des larmes de sang pour être expiée ?

Quel contraste ! j'addresse aux habitans de Calais une Lettre Pastorale, où je leur expose les sujets de plaintes qu'ils m'ont donnez. De tous les faits que j'avance, il n'y en a pas un seul dont ils n'ayent été forcés de reconnoître la verité ; & mes plaintes toutes justes qu'elles sont, ne sont seulement pas écoutées. Les auteurs des troubles & des divisions qui régnent dans cette Ville, dressent à mon insçu une Requête qui contient les faits du monde les plus calomnieux. On mandie des signatures dans le secret des maisons ; on porte la Requête de cabaret en cabaret, pour la faire signer : & cette Requête devient aujourd'hui un des motifs qui servent de fondement à la demande d'un Concile pour me juger. Le pourroit-on croire, si on ne le voyoit de ses propres yeux ?

À l'égard des habitans de Dohen ; sans doute, M. que leurs plaintes ne vous ont pas été renvoyées par le Conseil de Sa Majesté. Le fait est trop recent, & je m'étonne que vous l'ayez saisi si promptement. Qu'il serve au moins à montrer encore une fois avec quelle facilité on reçoit tout ce qui tend à me faire de la peine. Voici ce fait, M. il mérite qu'on y fasse attention. J'ai conféré sur la presentation de mon Chapitre la Cure de Dohen à un Ecclésiastique, que je regarde comme l'un des meilleurs sujets de mon Diocése pour sa capacité, sa sagesse, sa douceur, & ses mœurs irreprehensibles. Le Baillif du Village, sous prétexte que cet Ecclésiastique a adheré à l'Appel de la Bulle *Unigenitus*, lui a fait refuser les clefs de l'Eglise, & l'a empêché jusqu'à present d'y entrer & d'y faire ses fonctions. Le Peuple prevenu ou intimidé est allé faire ses Pâques dans un Diocése étranger, & s'étant adressé à des Religieux mandians & à des Jesuites pour la Confession Paschale, ceux-ci ont fait entendre à leurs Penitens qu'ils ne devoient jamais recevoir pour Curé l'Ecclésiastique qui avoit reçû mon *Visa*, quoique pourtant il soit réellement leur veritable Pasteur. Ensuite ils ont été conseillez d'envoyer à Reims : Ils y sont allez peu après le tems de l'Assemblée Provinciale, s'imaginant, M. que vous leur nommeriez un autre Curé ; car voilà de quoi l'on repaît ces pauvres gens. Depuis ce voyage, ce Peuple abusé par les esperances dont on l'a flatté, continue dans sa désobéïssance & dans sa rebellion. J'apprens même qu'il y en a qui menacent le Curé de le tuer, s'il se montre dans la Parroisse. Trouvez bon, M. que je vous demande quel avantage vous pouvez tirer de cette disposition des habitans de Dohen, & l'usage que vous pouvez faire contre moi de leur recours à votre Tribunal ?

Je viens aux murmures des Religieux Mandians. On m'accuse, dites-vous, de leur avoir *retiré* mes *pouvoirs*, *afin de forcer les Peuples qui me sont confiez, de s'addresser à des Prêtres ausquels ils n'ont nulle confiance.*

Je suis affligé, M. de vous voir relever ce chef d'accusation : Nous n'étions pas accoûtumez de notre tems d'entendre sortir de la bouche des Evêques de pareilles plaintes. En feüilletant les anciens Actes du Clergé, vous y trouverez que *a* les Evêques n'ont aucune obligation d'accorder aux Reguliers les licences de confesser & de prêcher, ces fonctions étant purement & naturellement Hierarchiques : Que tous les Ordres Réguliers sont comme particuliers à l'égard de l'Eglise, de l'autorité Episcopale & du salut des Fideles, qui sont sous la charge des Evêques : *b* Que les Réguliers ne sont que troupes auxiliaires : que les Evêques ont droit de ne les approuver que pour autant de tems qu'ils croyent avoir besoin de leur secours : *c* Qu'on ne leur fait aucun tort en les revoquant, & qu'on ne commet aucune injustice à leur égard, en cessant de les employer.

Telles sont, M. les maximes des Archevêques & Evêques nos Predecesseurs : Maximes, en conséquence desquelles ils ne craignoient pas en certaines occasions *d* d'interdire dans tous les Diocéses, tout à la fois, tous les Religieux d'un même Ordre, jusqu'à ce qu'on eût reparé l'injure que quelques particuliers auroient faite à l'autorité Episcopale en la Personne d'un seul Evêque. Je veux croire, M. que si ces maximes vous eussent été presentes, vous ne m'auriez pas fait le reproche de ne point approuver ceux des Religieux Mandians que je laisse sans emploi dans mon Diocése.

Mais une autre chose que je ne puis m'empêcher de vous representer, c'est qu'il est surprenant que voulant faire la fonction de Juge à mon égard, vous découvriez dans votre Lettre tant de partialité. Vous faites valoir les plaintes d'une douzaine de Religieux Mandians que je laisse sans pouvoirs ; & vous ne dites pas un mot des sujets de plaintes que j'ai contre eux. Ils sont tels néanmoins, que dans des tems plus heureux que le notre, où l'on suivroit les anciennes déliberations du Clergé, j'aurois lieu d'esperer que vous feriez tous vos efforts pour engager ces Religieux à m'en faire satisfaction. Vous direz, M. que vous les ignorez. Pourquoi donc appuyer leurs murmures contre moi sans m'avoir entendu ? ne deviez-vous pas sentir que puisque j'approuve d'autres Religieux Mandians, j'approuverois de même ceux que je laisse sans pouvoirs, si je n'avois de bonnes raisons pour ne le pas faire ? Rendez-moi justice, M. & ne croyez pas si legerement que je me conduise par caprice & au hazard. A l'âge que j'ai, on doit supposer que je ne prens des résolutions qui doivent faire éclat, qu'après les avoir bien pesées, & en avoir prevû toutes les suites.

Pour

---

a Lettre Circulaire des Evêques assemblés extraordinairement à Paris le 5. Avril 1653. aux autres Evêques de France, sur le différend que M. l'Archevêque de Sens avoit avec les PP. Capucins de Joigni & de St. Florentin pour l'administration des Sacremens de Penitence & d'Eucharistie, & la Predication. *Mem. du Clergé, tom. 3. tit. 4. c. 1. pag.* 910.

b Production de M. d'Agen, reprise dans l'Arrest de 1669. rapporté dans les Nouveaux Memoires du Clergé, tom. 3 tit. 4 c. 1. p 1060.

c Ibid. pag. 1062.

d Il en a été fait un Réglement general dans l'Assemblée de 1650. voyez la Lettre des Evêques de l'Assemblée de 1653. citée ci-dessus. p. 910. du troisiéme tome des Nouveaux Memoires du Clergé ; voyez aussi la Lettre Circulaire de l'Assemblée de 1655. & 1656 écrite le 22 Decembre 1656. à l'occasion de la grande affaire de M. d'Agen.

Pour ce qui eſt du défaut de confiance aux Prêtres que j'approuve, je
vois bien que cet endroit eſt emprun-
té de la Requête qui porte le nom
des habitans de Calais ; mais je ſuis
ſûr que vous-même, M. vous ſerez
étonné, quand vous ſaurez qu'on ne
manque de confiance aux Confeſſeurs
que j'approuve, que parce qu'ils font
leur devoir dans le Tribunal. On le
dit hautement & vulgairement dans
Calais : nous ne voulons point de
Confeſſeurs qui different l'abſolution.
On veut être abſous toutes les fois
qu'on ſe preſente au Tribunal, quelque crime qu'on ait commis, & dans
quelque habitude qu'on ſoit. Outre
le Curé, les Vicaires & les Prêtres
habitués qui confeſſent dans la Parroiſſe, & qui ſont en nombre ſuffi-
ſant pour les beſoins ordinaires, j'ai
ſoin d'y envoyer aux grandes fêtes de
l'année des Miſſionnaires de St. Lazare. Ils y ont encore été à Noël dernier, à Pâques & à la Pentecôte. Mais
que j'approuve cent Confeſſeurs tels
que ceux à qui je confie mes pouvoirs,
c'eſt-à-dire, exacts à obſerver les régles, on ſe plaindra toûjours. Voilà
la ſource de tous les murmures & de
toutes les plaintes des habitans de
cette Ville. La Conſtitution eſt le
prétexte, mais le défaut de Confeſſeurs qui favoriſent les paſſions, en
eſt le veritable motif.

Oſerois-je eſperer, M. que vous
pourrez par là connoître les Auteurs
ſecrets de l'intrigue qui ſe trame contre moi ? Ils ont eu déja le credit de
faire condamner des Propoſitions dont
le ſens naturel ne fait qu'exprimer la
doctrine de l'Egliſe, & contient les
régles les plus pures touchant l'adminiſtration du Sacrement de Penitence. Aujourd'hui ils voudroient
vous engager à me condamner moi-
même, parce que j'approuve des Confeſſeurs auſquels je ne recommande
rien tant que la pratique de ces ſain-
tes régles. Seroit-il de votre honneur
& de votre gloire, de donner les
mains à une telle entrepriſe ?

Un autre reproche que je ſuis ſurpris que vous vouliez faire retomber
ſur moi, M. c'eſt que pluſieurs de
mes Diocéſains vont chercher les Sacremens dans les Diocéſes voiſins, ne
voulant pas les recevoir de la main
des Paſteurs que je leur donne. Quoi,
M. voudriez-vous autoriſer un abus
auſſi criant & auſſi déplorable ! Depuis quand, au mépris du Concile
de Latran, eſt-il permis de s'adreſſer pour la Confeſſion & la Communion Paſchale à des Prêtres & des Religieux Mandians d'un Diocéſe étranger, non ſeulement ſans permiſſion,
mais contre la volonté & la défenſe
expreſſe de l'Evêque Diocéſain, &
du propre Paſteur ? Pouvez-vous croire que l'eſprit de Dieu ſoit le principe de cette conduite ?

Helas ! M. ſi vous voyïez les choſes de près, comme je les vois, vous
ne pourriez vous empêcher de gemir
ſur un aveuglement auſſi marqué. On
court dans des Diocéſes étrangers
pour y recevoir les Sacremens ; mais
avec quel ſcandale en revient-on ?
Les ris, les danſes, les chanſons pro-
fanes, le libertinage ſur toute la rou-
te ; voilà le fruit des Communions
Schiſmatiques que l'on y fait. Qu'on
diſe tant qu'on voudra que c'eſt par
zele & par attachement pour la Religion, qu'on ſe ſepare de ſon propre
Paſteur, pour courir après des étrangers : J'ai appris de J. C. à juger de
l'arbre par ſes fruits. Ceux de mes
Diocéſains qui demeurent attachés à
leurs Paſteurs, reçoivent les Sacremens avec pieté, avec édification.
Je ſuis affligé de ne pouvoir rendre
aux autres le même témoignage.

Enfin, M. un dernier ſujet de plainte que vous prétendez que je n'ai pû
ignorer, c'eſt *le refus dans lequel* je per-
ſiſte de recevoir *la Bulle* UNIGENITUS.
Vous me demandez ſi *cette conduite*
n'eſt pas devenuë pour la plus grande par-

tie de mes Diocéfains, une fource de diſſen-
tions & de diſcorde, s'ils n'en prennent pas
occaſion de ſe fouſtraire à mon autorité, s'il
peut y avoir un plus grand mal qu'une divi
ſion ſi funeſte?

Permettez - moi de vous dire, M. que vous prenez encore ici le change. Ce n'eſt point le parti que j'ai pris ſur la Bulle *Unigenitus*, mais c'eſt la Bulle elle - même qui eſt la cauſe de la diviſion dans mon Diocéſe ; c'eſt elle qui a mis le trouble dans Iſraël. Avant elle tout étoit en paix. Depuis qu'elle eſt venue, tout eſt en combuſtion. Oui, M. quelque parti que j'euſſe pris dans l'affaire preſente, je ne pouvois éviter de me voir contredit. Mais ſi ma conduite eſt blâmée des uns, il en eſt d'autres qui l'approuvent, & qui en rendent à Dieu de continuelles actions de graces. Ceux qui ſe réjouiſſent du refus que je fais d'accepter la Bulle, ſeroient dans les larmes, ſi je m'y ſoumettois : & quelle douleur ne ſeroit-ce pas pour moi de voir la plus ſaine portion de mon Clergé & du Peuple qui m'eſt confié, m'être oppoſée dans une affaire de la nature & de l'importance de celle-ci ?

Il eſt vrai, M. que je n'aurois point à craindre de leur part les ſeditions, les emportemens, les violences, les grêles de pierres, les profanations des Lieux ſaints, les Schiſmes & les ſéparations ſcandaleuſes : nul d'entre eux ne diroit à des Payſannes, que la meilleure action qu'elles pourroient faire, ſeroit de tuer leur Evêque. Non je n'aurois rien à craindre de ſemblable de la part des Eccléſiaſtiques, & du Peuple qui me ſont attachez aujourd'hui, ſi je venois à accepter la Bulle *Unigenitus*. Mais leur oppoſition à mon acceptation en ſeroit - elle moins éclatante pour être plus reſpectueuſe ? je verrois accom-plir autour de moi les maux dont l'Auteur fait là peinture ; j'entendrois le gemiſſement de la veuve & de l'orpheline, je verrois couler les larmes qui deſcendent ſur la jouë de celui qui les répand, & qui s'élevent contre celui qui les fait répandre. *

A maxillâ enim aſcendunt uſque ad cœlum, & Dominus exauditor non delectabitur in illis. Le moyen d'étouffer le cri de la Foi dans toutes les perſonnes ! Jugez-en, M. par ce qui s'eſt paſſé, & qui ſe paſſe encore tous les jours dans votre Diocéſe. Feu M. le Cardinal de Mailly votre Predeceſſeur, & vous, M. avez pris ſur la Bulle un autre parti que moi : êtes - vous en paix pour cela ? Tout eſt-il tranquille dans le Diocéſe de Reims ? je m'en rapporte à vous. *Cette conduite n'eſt - elle pas devenuë pour la plus ſaine partie de vos Diocéſains une ſource de gemiſſemens & pour le reſte, une ſource de diſſentions & de diſcorde?*

Vous me reprochez, M. de laiſſer ſans emploi quelques Religieux Mandians. Mais que diroient les ames de mon Diocéſe, dans leſquelles j'ai toûjours reconnu une pieté plus ſolide & plus attentive aux veritez de la Religion, ſi en acceptant la Bulle, je retirois mes pouvoirs à des Conſeſſeurs vrayement dignes de leur confiance, & que moi-même j'ai toûjours regardé depuis que je ſuis Evêque, comme les plus excellens Ouvriers que j'euſſe auprès de moi? Quels ſeroient leurs gemiſſemens, ſi je leur enlevois des Curez d'un merite diſtingué ; ſi je fermois la bouche à des Prédicateurs, que Dieu a viſiblement remplis de ſon eſprit ; ſi je ne voulois point communiquer avec des hommes, dont la vertu a attiré dans tous les tems le reſpect & la veneration, même des moins vertueux ; ſi je banniſſois des Docteurs, qui au-

---

* Les larmes de la Veuve montent de ſa jouë juſqu'au Ciel ; & le Seigneur qui l'exauce ne ſe plaira point à la voir pleurer. Eccli. 35. 19.

roient fait la gloire & l'ornement de mon Diocéfe ? que diroient-ils fi par des pourfuites continuelles, des Monitoires, des excommunications, je troublois la joye des plus grandes fêtes, & je jettois par tout la confternation ? c'eft vrayement alors qu'on pourroit dire avec jufte raifon : *Peut-il y avoir un plus grand mai, & en eft-il à qui il foit plus néceffaire de remedier ?*

Mais croyez-moi, M. ce ne fera point dans un Concile Provincial où vous pourrez en venir à bout. Jamais je ne me ferois imaginé, fi je ne l'avois vû dans votre derniere Lettre, que vous euffiez voulu connoître de la grande affaire qui agite aujourd'hui toute l'Eglife, & la foumettre au jugement d'un Concile de fix ou fept Evêques. Vous devez favoir, M. que cette affaire a été portée au Tribunal de l'Eglife univerfelle par un Appel légitime & Canonique, reconnu pour tel dans tous les Parlemens du Roïaume, & que toute autre autorité que celle de l'Eglife univerfelle n'a pû & ne peut en juger.

Comme vous n'avez point droit de connoître des chofes qui concernent la Jurifdiction purement libre & volontaire, il ne vous appartient point non plus, fouffrez que je le dife, M. de connoître de mon Appel : * *Non licet.* Sur le premier chef, c'eft entreprendre fur les droits de Dieu même : Sur le fecond, c'eft aller contre ceux de l'Eglife univerfelle. Deux motifs plus que fuffifans pour m'empêcher de reconnoître le Concile Provincial, dont vous follicitez la tenue contre moi.

Le dirai-je, M. ? il eft bien vifible maintenant que l'on ne m'attaque fur la Jurifdiction, purement libre & volontaire, que pour avoir un prétexte de le faire fur mon Appel. Mais de chercher ainfi des prétextes, c'eft avoüer fon impuiffance par rapport à l'Appel même. Pourquoi mêler deux chofes qui ne doivent jamais être confondues, fi on fent que je puiffe être attaqué par l'une des deux feparément ? mais non : On ne trouve à redire à mon gouvernement, que parce que je n'ai pas reçû la Bulle *Unigenitus.* Tout me feroit permis fi je la recevois. Mais pour ne point fortir de ce qui regarde le gouvernement de mon Diocéfe, je pourrois interdire les meilleurs Confeffeurs, & même en grand nombre ; ne laiffer qu'un feul Curé pour confeffer dans des Parroiffes de fept ou huit milles Communians ; en réduire d'autres à ne confeffer que leurs Parroiffiens ; défendre aux Confeffeurs, fous peine de fufpenfe *ipfo facto*, de donner l'abfolution à tous & chacun des Fideles, qui ne regarderoient pas la Bulle comme régle de foi : je pourrois déclarer avant une Ordination que je n'ai point intention d'ordonner ceux qui ne fe foumettent pas de cœur & d'efprit à cette Bulle. En un mot, je pourrois faire tout ce que par la grace de Dieu, je ne fais point. Mon Diocéfe pourroit être dix fois plus agité qu'il n'eft ; (car ce n'eft pas celui où il y a plus de trouble) fans cependant qu'on entreprît de m'en faire rendre compte dans un Concile Provincial.

Ainfi tout mon crime, toutes les accufations que l'on forme contre moi fe réduifent à l'Appel au Concile general, & à ce qui en fait la matiere. Ce crime fait ma fûreté & ma gloire, M. loin d'en rougir, j'efpere que Dieu me fera la grace de n'y renoncer jamais. Au contraire, il y aura toûjours à gagner pour moi à le confeffer hautement. Je dis plus : je fuis certain qu'il n'y auroit aucun foulevement dans mon Diocéfe, fi tous les Peuples favoient à quoi fe reduit mon Appel & ma réfiftance à

* Il n'eft pas permis.

la Conſtitution. S'ils ſavoient que mon Appel ſe reduit à conſerver dans leur entier & dans leur étenduë, le premier article du Symbole, & le premier commandement de Dieu; à dire que les hommes ſont obligez de rapporter à Dieu toutes leurs actions, & ne peuvent être reconciliez avec lui, qu'en l'aimant; à ſoutenir que Dieu eſt tout-puiſſant ſur le cœur de l'homme, même dans les choſes qui regardent le ſalut; s'ils ſavoient, dis-je, que c'eſt là de quoi il eſt queſtion, y en a-t-il un ſeul qui voulût ſe ſéparer de moi?

Je le repete donc: Il n'y a qu'à gagner pour moi, en mettant bien les Peuples au fait de mon Appel. On les étourdit par de grands mots, & ils ne ſavent à quoi s'en prendre: Ils tiendroient un langage tout différent, s'ils ſavoient de quoi il eſt queſtion. Pluſieurs ſont ſcandaliſez quand on leur dit que je refuſe d'accepter la Bulle: mais ils ſeroient édifiez, ſi on avoit ſoin de leur dire en même-tems que je ne refuſe de l'accepter, que pour conſerver dans leur entier les plus grandes verités, & les plus importantes maximes de la Religion. Ceſſez donc, M. de me faire un crime de mon Appel. Si j'avois un conſeil à vous donner, ce ſeroit de ne me pas mettre dans la néceſſité de parler pour le ſoutenir. Toutes les fois que cela arrivera, ſoyez perſuadé, M. que ce ſera toûjours aux dépens de la Bulle, & jamais à mon deſavantage.

Quant à la maxime que j'ai avancée touchant la Juriſdiction purement libre & volontaire, puiſque vous m'en demandez des preuves, M. il eſt juſte de vous ſatisfaire. Elles ſont infinies; mais permettez-moi de me borner à quelques-unes. C'eſt un principe inconteſtable & univerſellement reconnu, que les Actes de la Juriſdiction gracieuſe ne ſont point ſujets à Appel. L'Aſſemblée generale du Clergé de 1646. en fit un arrêté exprès le 27. Avril. Sur ce principe, quand il eſt arrivé aux Evéques d'être attaquez pour avoir refuſé leurs pouvoirs à des Religieux dans leurs Diocéſes, les Evêques ont été maintenus dans le droit qu'ils ont de ne rendre compte à qui que ce ſoit des raiſons de leur refus.

Donnez-vous la peine, M. de lire les pieces qui concernent la grande affaire qu'eut M. Arnauld Evêque d'Angers avec les Réguliers de ſon Diocéſe, celle de M. de Gondrin Archevêque de Sens avec les Capucins de Joigni, & le celebre Arrêt de 1669. *en faveur de M. Joly Evêque d'Agen, vous y verrez que la juſtice qu'on rendit alors à ces illuſtres Prélats eſt fondée ſur cette maxime: qu'un Evêque doit être renvoyé à ſa conſcience, dès qu'il s'agit de choſes qui appartiennent à la Juriſdiction volontaire.

„ Rien de plus néceſſaire pour l'e-
„ xercice du Miniſtere que Dieu a
„ confié aux Evêques, qu'ils ne ſoient
„ point obligez de rendre raiſon de
„ leur conduite, lorſqu'ils revoquent
„ les approbations des Reguliers. „
C'eſt la réflexion de feu M. Joly Ev.
d'Agen. " Combien de choſes, dit
„ ce Prélat, que les Evêques appren-
„ nent par des voyes ſecretes, & qu'ils
„ ne peuvent découvrir en conſcien-
„ ce, qui les rendent néanmoins très-
„ aſſurez de l'incapacité de certains
„ Reguliers pour la conduite des a-
„ mes? ..... Quelle apparence, con-
„ tinue-t-il, que ſur le prétexte (de
„ diverſes plaintes dont les Reguliers
„ ſeroient les auteurs) on dépouillât
„ les Evêques d'un droit qui eſt la
„ ſuite de la puiſſance attachée à leur
„ caractere. ..... & ſans lequel ils
„ ſeroient dans l'impuiſſance de re-
„ medier

* Arreſt d'Agen, cité ci-deſſus. pag. 1061.

,, medier aux plus grands defordres ?
,, Quel moyen d'entretenir dans un
,, Diocéfe la même conduite & le
,, même efprit , fi les Miniftres que
,, l'Evêque employe ne font dépen-
,, dans de lui ?

C'eft par ces raifons & beaucoup d'autres qu'il feroit trop long de rapporter , que M. d'Agen établit l'indépendance des Evêques dans les chofes qui concernent la Jurifdiction purement libre & volontaire.

Je ne rappelle point ce que j'ai déja dit, pour montrer que les Evêques n'ont aucune obligation d'approuver les Reguliers. J'ajoûterai feulement que la maxime que j'ai avancée eft fi commune , qu'il ne faut qu'avoir lû la premiere page du Tome de la Jurifdiction gracieufe dans les nouveaux Memoires du Clergé, pour en être inftruit. Il y eft dit en
,, termes exprès : " Qu'entre les cho-
,, fes qui font du for exterieur, & qui
,, fe rapportent à la Jurifdiction vo-
,, lontaire , il y en a qui dépendent
,, abfolument de la prudence & du
,, fage difcernement du Pafteur. Telle
,, eft, ajoûte-t-on, la permiffion de
,, confeffer , donnée à un Prêtre qui
,, n'a point de titre qui l'oblige à
,, cette fonction , & les autres con-
,, ceffions, fur le refus defquelles on
,, ne peut fe pourvoir au Pafteur fu-
,, périeur , & même le Pafteur qui
,, refufe, n'eft pas tenu d'en expli-
,, quer les motifs, & de rendre com-
,, pte des caufes qui l'ont porté à ce
,, refus.

Ce que vous alleguez pour établir le contraire , fait pour moi, M. & me donne gain de caufe. Les Ordinations faites contre les preceptes Apoftoliques , & le dereglement des mœurs dans les Evêques & dans les Prêtres, font du reffort de la Jurifdiction contentieufe. On n'a point droit de me demander pourquoi je

n'ordonne pas tels & tels ; comme on n'a point droit de me demander , pourquoi je n'approuve pas tels & tels pour la Confeffion. Mais fi je faifois des Ordinations Simoniaques ; fi je vendois les pouvoirs de prêcher & de confeffer ; fi j'accordois ces pouvoirs à des Prêtres notoirement vicieux ; fi je rempliffois les Benefices d'Eccléfiaftiques dereglez, ignorans & fcandaleux ; fi je mettois la faux dans la moiffon d'autrui , & que j'entrepriffe fur les droits & les fonctions de mes Confreres mes voifins ; fi contre la difpofition des Canons, j'établiffois des taxes pour les expéditions de mon Secretariat, afin d'augmenter par là mes revenus ; fi d'ailleurs je menois une vie peu édifiante ; fi je vivois dans le luxe & dans la molleffe ; qui doute qu'en ces cas, je ne fuffe fujet à la correction du Concile de la Province , conformément à cette maxime que vous rapportez : *Ut fi quid ufquam vel in Ordinandis Epifcopis vel Presbiteris aut cujuflibet loci Clericis faciendis contra præcepta Apoftolica reperitur admiffum , aut in eorum converfatione quidpiam reprobatur , communi omnium autoritate refecitur.* Oüi, M. je l'avoüe, & je le reconnois, qu'en ces cas ce feroit à moi à être jugé ; non à juger les autres.

Mais par la mifericrode de Dieu, ce n'eft point de quoi il eft queftion aujourd'hui. Il s'agit du refus que je fais d'approuver quelques Religieux Mandians ; & fur cela, M. je dis que je n'ai de compte à rendre qu'à Dieu feul. La maxime de St. Cyprien que j'ai avancée pour le prouver eft vraïe indépendamment de l'application qu'en a faite ce grand Saint à la caufe du Baptême. Elle lui étoit fi familiere qu'il la rapporte encore dans fa Lettre 52. à Antonien. Après avoir parlé d'un differend confiderable entre les Evêques de fa Province, qui

Les Conciles fe tiennent , afin , &c.

regardoit un point de pratique & de discipline ; il dit que chaque Evêque sera responsable au Seigneur, de son Administration, pourvû qu'en attendant on garde la paix & l'unité. * *Manente concordia vinculo, & persèverante Catholica Ecclesia individuo Sacramento, actum suum disponit & dirigit unusquisque prapositus, rationem propositi sui Domino redditurus.* Si donc cette maxime est vraye, comme on n'en peut douter, quand aura-t-elle son application, si ce n'est à l'égard des choses qui appartiennent à la Jurisdiction purement libre & volontaire de l'Evêque.

Vous prétendez, M. qu'il n'y a *aucun Evêque en France qui* voulût soutenir *cette maxime* dans l'application que j'en fais. Qu'il me soit permis de dire, que vous n'êtes pas bien informé. De tous les Evêques ausquels j'ai fait part de l'affaire qu'on me suscite aujourd'hui, il n'y en a point qui m'ait donné à entendre que je me sois trompé dans ce que j'ai avancé sur la Jurisdiction volontaire : mais beaucoup ont été étonnez que vous ayez voulu m'attaquer par cet endroit. On ne peut s'exprimer plus nettement qu'ils le font, en faveur de la maxime que je soutiens ; & je ne fais aucun doute que si le projet du Concile avoit eû lieu, ils ne se fussent élevés avec force pour défendre leurs droits, & se conserver l'autorité que vous voulez leur enlever en ma personne. C'est à quoi, M. il ne seroit nullement de vos interêts de vous exposer.

Il ne faut pas, s'il vous plaît, conclure pour cela que je sois opposé au rétablissement des Conciles Provinciaux. Je ne me serois jamais attendu à un pareil reproche. Il suffit de jetter les yeux sur la derniere Lettre que j'ai eu l'honneur d'écrire au Roi avec six de mes illustres Confreres, pour y voir dépeintes au naturel mes dispositions sur cet article. † *On ne nous permet point de nous assembler en Concile,* disons-nous ; eh ! *quelle douleur pour l'Eglise de ne voir plus ces Assemblées Canoniques !*

Je sai quelle étoit l'ancienne discipline de l'Eglise sur ce point ; & je n'ai garde d'ignorer ce qu'a fait le Clergé de France pour obtenir de nos Rois le rétablissement de ces saintes Assemblées : Je sai en particulier ce que fit M. le Tellier votre Predecesseur & mon Consecrateur, pour procurer à l'Eglise de France un si grand bien. Ses remontrances sont très-fortes & très-pressantes. Mais ni lui, ni le Clergé n'ont jamais eu intention de demander le rétablissement des Conciles Provinciaux, pour n'être tenus que quand on croiroit trouver dans les Evêques d'une Province, des dispositions pour inquiéter un Evêque qui ne plaît pas. Jamais ils n'ont pensé que ce dût être pour réformer le gouvernement des Diocéses en ce qui concerne la Jurisdiction purement libre & volontaire. Il n'en faut point d'autres preuves que le discours même de M. le Tellier que vous citez, M. ce Prélat le commence par remercier le Roi au nom du Clergé, d'avoir rendu à l'Eglise un service des plus signalez, en donnant gain de cause à M. d'Agen contre les Réguliers. " S i r e, dit M. le Tel
„ lier, ** tout le Clergé de votre
„ Royaume vous rend aujourd'hui, &
„ vous rendra éternellement de très-
„ sinceres actions de graces pour ce
„ memorable Arrêt d'Agen, pour ce
„ sage & admirable réglement, dont
„ toutes les paroles sont autant d'o-

---

* Chaque Evêque en conservant le lien de la concorde & l'unité toûjours inviolable de l'Eglise Catholique, est le maître de son administration, & la régle, comme il le juge à propos, ne devant en rendre compte qu'au Seigneur.

† N. 12. pag 31.

** Anciens Memoires du Clergé, tom. 5. pag. 730.

„ racles, & qui eſt ſi plein de l'eſprit
„ des Loix Eccléſiaſtiques & de l'an-
„ cienne diſcipline. Par ce fameux
„ Arrêt, ajoûte-t-il, vous avez con-
„ ſervé à l'Epiſcopat ſon veritable
„ exercice, c'eſt-à-dire, la diſpenſa-
„ tion de la parole de vie, & la fi-
„ delle adminiſtration des treſors du
„ Ciel dans le Sacrement de Peni-
„ tence.

C'eſt de cet Arrêt que j'ai voulu emprunter mes principales preuves, M. jugez de là, ſi M. le Tellier votre illuſtre Predeceſſeur auroit été bien diſpoſé à ſolliciter la tenuë d'un Concile pour m'obliger à approuver des Réguliers dans mon Diocéſe. Non, M. ni ſur la Juriſdiction gracieuſe, ni ſur mon Appel au Concile general, je n'aurois eu rien à craindre de ce grand Prélat. Il connoiſſoit trop la doctrine & les régles de l'Egliſe pour entrer dans des deſſeins de cette nature. Jamais le Denonciateur du Livre du Cardinal Sphondrate n'auroit inquieté un Evêque de ſa Métropole appellant de la Bulle *Unigenitus* : Jamais il n'auroit écouté les murmures des Mandians qui mettent le feu dans mon Diocéſe, & il ſe ſeroit bien donné de garde d'autoriſer la rebellion de ceux qui refuſent de reconnoître pour Paſteurs les Miniſtres que je leur envoye.

Suivez cet exemple, M. & les troubles ceſſeront dans mon Diocéſe. Si vous aimez la paix, vous avez une voye courte pour la procurer. Déclarez à ceux de mes Diocéſains qui s'adreſſent à vous, qu'ils ont tort de ſe ſéparer de leur Evêque, vousmême ne le faiſant pas. Dites-leur qu'ils ſont obligez de recevoir avec ſoumiſſion les Paſteurs que je leur donne, qu'ils ſont très-criminels devant Dieu des excès dans leſquels ils ſont tombez en ſe revoltant ; qu'il n'y a point de ſalut pour eux, s'ils n'en font une ſincere penitence; que la foi ſe montre par les œuvres, &

que tant qu'ils ne feront point des œuvres de juſtice, on n'aura pas lieu de croire que ce ſoit l'eſprit de Dieu qui les porte à ſe ſoulever ; que leurs craintes par rapport à moi ſont vaines & mal fondées ; que tant qu'on ne leur enſeignera point un autre Catechiſme, que celui qu'on leur a toûjours enſeigné, ils ne tomberont point dans l'erreur ; & qu'à l'égard de N. S. P. le Pape, je ſuis ſi éloigné de les vouloir ſeparer de ſa Communion, que je ne ceſſe de lui demeurer inviolablement attaché, malgré les mauvais traitemens que j'en reçois; qu'ainſi ils doivent reſter tranquilles & imiter ceux de leurs Freres, que le vent de la tentation n'a pû ſéparer de leur Paſteur ; qu'ils ne doivent prendre part aux conteſtations de l'Egliſe, que par leurs prieres & leurs gemiſſemens; que ce ſera le moyen d'attirer la benediction de Dieu ſur le Diocéſe de Boulogne en particulier, & de procurer à l'Egliſe en general une paix ſolide & durable. Faites cela, M. & vous aurez la conſolation de voir les maux de mon Diocéſe diminuer de jour en jour. Mais tant que vous tiendrez une conduite oppoſée, le trouble augmentera, la diviſion deviendra plus grande, & en ce cas vous auriez tort de vous en prendre à moi.

J'étois réſolu d'en demeurer là, M. mais je m'apperçois que je n'ai rien dit d'un reproche que vous me faites au ſujet de certaines expreſſions que vous appellez peu reſpectueuſes pour la memoire du feu Pape, & qui ſe trouvent dans des Ecrits qui me ſont communs avec pluſieurs de mes illuſtres Confreres. J'aurai donc l'honneur de vous dire, M. que ce reproche m'a paru amené de bien loin. J'ai crû qu'on ne l'avoit mis au rang des autres que pour faire nombre, & parce que l'on manquoit de matiere. Trouvez bon que pour y répondre, je vous renvoye à la Lettre que nous avons eu l'honneur d'écrire en dernier lieu à Sa Majesté : je n'ai rien à ajoûter à ce que nous en avons dit, je suis sûr, M. que vous y trouverez notre justification, & une apologie des plus completes sur cet article comme sur les autres.

J'ai l'honneur d'être avec le respect qui vous est dû, Monseigneur, votre très-humble & très-obéïssant serviteur. *Signé*, Pierre, Evêque de Boulogne.

I X.

MEMOIRE

OU l'on détruit les plaintes portées contre le gouvernement de M l'Evêque de Boulogne dans son Diocése.

TANT que M. l'Evêque de Boulogne a ignoré les sujets de plaintes qu'on formoit contre son gouvernement, il n'a pû rien produire pour sa justification ; mais aujourd'hui que M. l'Archevêque de Reims lui a fait enfin connoître en quoi consistent ces plaintes, il est en état de couvrir ses ennemis de confusion, & de montrer à toute la terre l'injustice des accusations dont on a tâché de le noircir.

Celle qu'on a fait plus valoir & dont on a cru tirer plus d'avantage, regarde un prétendu manque de Confesseurs dans le Diocése de Boulogne. On va tâcher d'y répondre dans ce Memoire. La facilité avec laquelle on espere de dissiper ce premier chef d'accusation, montrera ce qu'on doit penser des autres, qui n'ont pas plus de fondement : mais pour ne rien laisser à desirer sur ce point, on va reprendre les choses dès leur origine.

M. l'Ev. de B. étant allé faire sa visite, & donner le Sacrement de Confirmation à Calais au mois de Juin

1717. le Prélat y fut vivement sollicité par le Maïeur & les principaux habitans, de donner son consentement pour mettre les Minimes en possession d'un petit College qui y est établi, & qui a toûjours été jusqu'à present entre les mains des Ecclésiastiques. M. de B. sachant que les Minimes n'enseignent en aucun endroit, que ce n'est point leur institut, que ceux des Minimes qui aimoient plus leur vocation, y étoient opposez ; que le Provincial lui-même n'entroit dans cette affaire, que malgré lui, & par pure deference pour les volontez d'une personne de consideration : étant d'ailleurs informé que les habitans de Calais ne lui faisoient cette demande que sur les instances de celui qui étoit alors Correcteur des Minimes de Calais, homme vif & intriguant qui avoit envie de se perpetuer dans la Maison en qualité de Provincial regent ; tout cela determina M. l'Ev. de B. à refuser de consentir à ce changement ; d'autant plus qu'il y a à Boulogne un College complet, où l'on enseigne non seulement les humanitez, mais la Philosophie & la Théologie. Cependant le Prélat offrit aux Bourgeois de leur procurer d'excellens Maîtres de l'Université de Paris, s'ils vouloient fournir de quoi les entretenir. Ils le pouvoient, étant assez riches pour ne devoir rien épargner de ce qui peut contribuer à l'instruction & à l'éducation de leurs enfans.

Les Minimes de Calais n'ayant pas réussi dans les desseins qu'ils avoient de se faire donner le College, un d'entre eux s'avisa d'avancer dans un Sermon plusieurs propositions qui scandaliserent les personnes les plus instruites de son auditoire. Entre ces propositions il y en avoit une qui enseignoit l'infaillibilité du Pape, pour décrier l'Appel que M. de B. venoit de faire de la Bulle *Unigenitus*. Le Prélat qui étoit encore sur les lieux en

ayant

ayant été informé, manda le Prédicateur qui convint du fait, & promit de se retracter ou de s'expliquer le Dimanche suivant; à quoi il ne satisfit point : ce qui obligea M. l'Ev. de B. de lui retirer les pouvoirs de prêcher & de confesser.

Les Minimes fâchez de n'avoir point le College, & de l'interdit de leur Prédicateur, commencerent dès lors à crier ouvertement contre les Appellans. On débita mille petits libelles, on courut de maison en maison, & on n'oublia rien pour soulever les brebis contre le Pasteur. Ce qui réussit à l'égard de plusieurs qui quitterent la Parroisse, dont le Curé & la plûpart des Ecclésiastiques avoient adheré à l'Appel de leur Evêque.

Aux Minimes se joignirent quelques Laïques ignorans & entêtez, & un ou deux Ecclésiastiques dont le peu de lumieres est assez connu. La division augmentant, & les Minimes continuant à détourner le peuple d'aller à la Parroisse, M. de B. prit le parti de ne point renouveller leurs pouvoirs dès qu'ils furent expirez.

Cet exemple devoit contenir les Capucins : mais ils ne laisserent pas de faire en secret ce que les autres faisoient ouvertement. Il se passa néanmoins prés de deux ans sans que M. de B. voulût se persuader qu'ils eussent part aux troubles de Calais. Mais en 1719. ayant reçu avis qu'ils semoient la division dans la Parroisse, qu'il y en avoit même qui faisoient recommencer comme nulles & sacrileges les Confessions de ceux qui s'étoient adressez à des Confesseurs Appellans. Le Prélat qui étoit alors à Paris écrivit à son Grand-Vicaire, de se transporter à Calais pour s'assurer de tous ces faits; de mander ensuite les PP. Capucins, de les avertir des plaintes qu'on faisoit de leur conduite par rapport aux affaires présentes de l'Eglise, & de les exhorter à se conduire dorénavant avec tant de droiture & de simplicité, qu'ils ne donnassent plus aucun lieu de les soupçonner d'avoir part au soulevement & à la division qui étoient dans la Ville; & que le moyen le plus efficace qu'ils pouvoient prendre pour cela, c'étoit d'obliger leurs Penitens & Penitentes, de retourner à la Parroisse.

Le Grand-Vicaire exécuta de point en point ce qui lui avoit été prescrit: il manda ceux des Capucins qui étoient approuvez pour prêcher & confesser, se fit representer leurs pouvoirs; & après leur avoir fait connoître les intentions de M. l'Ev. de B. & avoir averti en particulier le Gardien de veiller sur la conduite de quelques-uns de ses Religieux dont M. de B. avoit reçû des plaintes particulieres, il leur rendit à tous les pouvoirs, excepté au Frere Marc-Antoine alors Vicaire du Couvent de Calais, à qui il dit qu'il les retenoit pour raisons à lui connues, & que ledit Frere ne pouvoit ignorer. Tout ce qu'il est permis d'en découvrir, c'est que ces raisons n'influent en aucune maniere dans l'affaire de la Constitution.

Le Frere Marc-Antoine au lieu de rentrer en lui-même, & de reconnoître l'équité de la conduite dont on usoit envers lui, prevoyant bien qu'il ne lui seroit pas facile de faire changer la résolution du Grand-Vicaire à son égard, lui dit avec un air insolent & plein de mépris, qu'il ne se soucioit non plus de ces pouvoirs que de *Colin Tampon*; & peu après il ajoûta ces paroles qui font fremir: *Je crois, comme je crois qu'il y a un Dieu.... Oüi, il n'y a point de Dieu dans le Ciel, ou vous êtes tous des excommuniez, & je vous regarde comme tels.* Il parloit de ceux qui avoient appellé de la Constitution, & de son Evêque comme des autres. A peine eut-il proferé ce blasphême, qu'il sortit comme un forcené, courut par toute la Ville, & la remplit de tumulte en fe vantant de ce qu’il venoit de faire, fe donnant pour un Confeſſeur de la Foi, & déclarant par tout que ceux qui alloient à la Parroiſſe pour y aſſiſter à la Meſſe,& y recevoir les Sacremens, étoient excommuniez.

Le Grand-Vicaire, après avoir repreſenté au Gardien l’obligation où il étoit de punir ſon Religieux de l’excès ſcandaleux où il étoit tombé en ſa préſence, exigea de lui deux choſes. 1°. d’empêcher ce Religieux de dire la Meſſe. 2°. de le tenir renfermé dans le Couvent, afin qu’il ne ſe repandît pas dans la Ville. A quoi le Gardien n’ayant eu aucun égard, le Grand-Vicaire l’exhorta de nouveau à faire ſon devoir, & lui déclara qu’il lui donnoit huit jours pour y penſer, après lequel tems, s’il ne puniſſoit pas ſon Religieux, il procederoit contre lui par les voyes ordinaires : & à l’inſtant il dreſſa ſon procès verbal de tout ce qui venoit de ſe paſſer.

M. l’Ev. de B. informé de ce qui étoit arrivé à Calais, demanda au P. Pacifique Provincial de Paris, de retirer ce Religieux de ſon Diocéſe ; ce qui lui fut refuſé. Sur ce refus, il crut qu’il étoit néceſſaire d’agir contre le Frere Marc-Antoine, & de le pourſuivre par les voyes de droit. Alors le Promoteur du Diocéſe ayant pris communication du procès verbal dreſſé par le Grand-Vicaire, requit que ce Capucin fût ajourné perſonnellement, & interdit de ſes Ordres, comme ayant delinqué hors du Cloître & en préſence du Supérieur Eccléſiaſtique. Ce Religieux ayant depuis au mépris de l’interdit & de l’ajournement perſonnel, celebré publiquement les SS. Myſteres, tomba inconteſtablement dans l’irregularité.

La procedure commencée, & continuée juſqu’au Decret de priſe de corps, les Capucins de la Province de Paris, prenant fait & cauſe pour le delinquant, preſenterent Requête au Conſeil d’Etat, & en obtinrent un Arrêt, qui ordonnoit que la Requête des Capucins feroit communiquée à l’Official & au Promoteur de Boulogne, pour y fournir des réponſes dans trois mois du jour de la ſignification. A quoi l’Official & le Promoteur aïant ſatisfait, & M. de B. ayant pris leur fait & cauſe par une Requête qu’il préſenta au Conſeil, l’affaire n’alla pas plus loin. Cependant les Capucins de Calais avoient deputé le Frere Marc-Antoine au Chapitre de Paris en qualité de Diſcret de leur Couvent ; & il ne laiſſa pas de celebrer toûjours les SS. Myſteres, nonobſtant l’irregularité dont il étoit, & eſt encore lié.

M. l’Ev. de B. ne pouvant avoir juſtice du Frere Marc-Antoine, fut conſeillé à Paris par des perſonnes de la premiere diſtinction, de ne point accorder de pouvoirs aux Capucins de ſon Diocéſe juſqu’à ce qu’on lui eût fait ſatisfaction. Il ne laiſſa pas d’en conſerver encore quelques-uns, juſqu’à ce qu’ayant envoyé à Calais en 1720. des Miſſionnaires de St. Lazare pour y faire une Miſſion, il fut obligé par les plaintes conſiderables qu’il recevoit continuellement des traverſes qu’on leur ſuſcitoit, tant de la part des Capucins que des Minimes, de leur retirer à tous ſes pouvoirs.

On ne s’arrêtera point ici à décrire tous les ſujets de mécontentement qu’a eu depuis ce tems-là M. l’Ev. de B. de la part de ces Religieux. On en peut voir une partie dans la Lettre Paſtorale de ce Prélat aux habitans de Calais. On remarquera ſeulement qu’après bien des tentatives pour obliger M. de B. à leur rendre les pouvoirs de prêcher & de confeſſer, ce Prelat fit entendre l’année derniere aux perſonnes qui ſe mêloient de cette affaire, qu’il n’y avoit rien à eſperer de ſon côté, à moins qu’on ne lui fît ſatisfaction de l’inſulte qui lui avoit été faite par le Frere Marc-Antoine, en la perfonne de fon Grand-Vicaire, & qu'en même-tems on ne lui donnât des Religieux de la conduite & de la doctrine defquels il eût lieu d'être fatisfait. L'occafion étoit favorable, parce que le Chapitre des Capucins de Paris devoit bien-tôt fe tenir. Le P. Nicolas alors Provincial commença par écrire une Lettre à M. de B. & lui fit connoître qu'il étoit difpofé à lui donner la fatisfaction qu'il demandoit, & qu'il s'y emploiroit au Chapitre qui alloit fe tenir. Dans ce Chapitre le P. Pacifique ayant été élû Provincial pour la feconde fois, il fe hâta d'en donner avis à M. l'Ev. de B. lui marquant qu'il étoit prêt de faire tous les changemens qu'il jugeroit à propos dans les deux Maifons de Boulogne & de Calais.

Le nouveau Provincial ne pouvoit ignorer quelles étoient fur cela les intentions de M. de B. qui s'en étoit expliqué nettement dans une Lettre au P. Nicolas, dont ce Pere devoit avoir donné connoiffance au P. Pacifique. Cependant le Prélat fit réponfe fur le champ au P. Pacifique, & lui marqua pofitivement quelles étoient fes intentions. Mais celui-ci fans attendre la réponfe de M. de B. nomma pour Gardien du Couvent de Calais celui-là même qui l'étoit dans le tems de l'affaire du Frere Marc-Antoine, & à qui M. de B. avoit donné l'exclufion, tant dans fa Lettre à l'Exprovincial, que dans celle au nouveau Provincial. Il nomma en même-tems pour Vicaire dans un autre Diocefe le Vicaire du Couvent de Boulogne dont le Prélat avoit demandé la confervation, & à l'égard des autres Religieux il remplit les deux maifons de Sujets, qui à l'exception d'un feul, ne convenoient en aucune maniere aux vûes de paix que M. de B. fe propofoit. Ce procedé fi étrange de la part du Provincial arrêta les bon-

nes intentions du Prélat qui fe plaignit au Provincial de fon manque de parole. Celui-ci répondit fi mal que M. de B. ne jugea pas à propos de lui écrire davantage.

Le filence de M. l'Ev. de B. irrita le Provincial, & lui fit prendre la réfolution d'écrire au Prélat une Lettre de douze pages dont on ne peut s'empêcher de donner ici quelques extraits. Dans cette lettre le P. Pacifique declare d'abord que *fes Religieux regardent le Diocéfe de Boulogne comme une terre de malediction que Dieu felon le Prophête afflige par une famine de fa parole ; car cette divine parole ne s'y fait plus entendre*, dit-il, *fur tout à Calais, privé de Pafteur & de Miniftres (c'eft-à-dire de Capucins) qui rompent aux Fideles le pain des Sacremens, ou le pain fpirituel de la parole de Dieu. Quelque chofe que j'accorde*, continue-t-il, *pour la conciliation, V. G. fe mocquera encore de moi, comme elle a fait depuis que je lui ai accordé le Capucin Ecoffois, que plufieurs raifons m'avoient obligé de faire fortir de fon Diocéfe.* Ce n'eft point à la confideration de M. de B. que le P. Ecoffois eft refté : d'autres perfonnes s'en font mêlées, & le Provincial a voulu s'en faire un merite auprès du Prélat.

Un peu après il le menaça des jugemens de Dieu. *Nous attendrons en paix*, lui dit-il, *le dénoüment de la Providence, & ce moment fatal où Dieu vous demandera compte de l'adminiftration de votre Diocéfe, privé prefque par tout de l'ufage des Sacremens, parce que vous avez interdit les Miniftres du Seigneur, à qui vos peuples avoient confiance.*

Venant à l'affaire du Frere Marc-Antoine il tâche de le juftifier tant qu'il peut, & veut qu'on ne regarde fon crime que comme une étourderie. Il fait des argumens eu forme pour prouver que felon plus de cent Evêques de France, on peut nommer heretiques ceux qui ne reçoivent pas la Conftitution : Fauffeté infigne, au moins par rapport à la plus grande partie de ces Evêques. Ni M. le Cardinal de Noailles, ni un grand nombre d'Evêques qui ont reçû les nouvelles explications, ne regardent point les Appellans comme des heretiques.

Sur la demande que M. de B. lui avoit faite, qui avoit relevé le Frere Marc-Antoine de l'irregularité qu'il avoit encourue pour avoir celebré, nonobstant l'interdit prononcé contre lui dans le decret d'ajournement personnel, il répond que le Prélat *ignore apparemment que les Provinciaux reçoivent du Pape à l'égard de leurs Religieux* JURISDICTIONEM QUASI EPISCOPALEM, *& même plus étendue, puisqu'ils les absolvent des cas reservez au Pape;* montrant ainsi qu'il ignore lui-même ce que c'est qu'irregularité, puisqu'il confond le pouvoir d'en relever, reservé au Pape seul, avec le pouvoir d'absoudre des cas reservez.

Il se complaît tellement dans la pensée de la mort de M. l'Ev. de B. qu'il y revient une seconde fois. Il termine sa Lettre par predire au Prélat ce qui doit lui arriver, s'il persiste à ne pas donner des pouvoirs aux Capucins. *Vous passerez*, lui dit-il, *M. & peut-être bien-tôt, mais les Capucins resteront encore de longues années, & ils gemiront avec votre Suceesseur que nous sommes déja convaincus devoir être de nos amis, ils gemiront, dis-je, sur la desolation de votre Diocése; ils gemiront sur le libertinage & l'irreligion qui se glisse par tout, sur tout à Calais, à cause du peu d'usage des Sacremens que produit l'interdit des * Recollets, des Minimes & des Capucins.* Le moyen d'éviter ce malheur selon le P. Pacifique, c'est que M. de B. *ait les Capucins pour amis à la mort, comme il les a eu autrefois pour amis pendant sa vie.*

M. de B. ne répondit point à une lettre si insolente; mais pour se justifier dans l'esprit du public, il en laissa échaper quelques copies qui ne manquerent point de produire l'effet qu'il en attendoit. Ceux qui poursuivoient dans Calais avec plus de chaleur le rétablissement des Capucins, ne purent s'empêcher en ce moment de condamner le Provincial, & tout le monde sentit dès lors que M. l'Ev. de B. ne pouvoit plus approuver les Capucins.

Au défaut de ceux-ci, il semble que M. de B. auroit pû approuver des Minimes. Il y étoit en effet très-disposé, si le Provincial des Minimes ne se fût pas mis hors d'état d'obtenir de lui cette grace. Ce Provincial ayant écrit à M. de B. à peu près dans le même tems que le P. Nicolas alors Provincial des Capucins de Paris, le Prelat lui fit une réponse honnête, & lui fit entendre que s'il lui donnoit des Religieux qui pussent lui convenir dans les deux Maisons de Boulogne & de Calais, & qu'il en retirât ceux qui y avoient jusqu'alors causé du trouble, il auroit lieu d'être, content. Le Provincial qui avoit fait des avances dans sa premiere lettre, garda le silence sur celle-ci, & ne répondit point. Le tems du Chapitre des Minimes étant arrivé, il n'eut point d'égard aux changemens que lui proposoit M. de B. au contraire il choisit pour correcteurs des deux Maisons de Boulogne & de Calais, deux sujets dont M. de B. avoit refusé d'approuver l'un quelques années auparavant; & l'autre ne fut pas plûtôt arrivé qu'il debita en divers endroits qu'on ne pouvoit assister à la Messe des Appellans, ni recevoir les Sacremens de leurs mains. Ni l'un ni l'autre de ces correcteurs, ne parut devant M. de B. en venant dans son Diocése, & ils font encore aujourd'hui à lui rendre la premiere visite à laquelle leur devoir les engageoit. On laisse à juger maintenant

---

* Il n'y a point de Recollets à Calais.

ſi c'étoit bien ſerieuſement que le P. Pacifique & le Provincial des Minimes, vouloient entrer dans les vues de paix qu'a toûjours eues M. de B.

A l'égard des Recollets que le Prélat laiſſe auſſi ſans pouvoirs, il faut remarquer d'abord que les Maiſons qu'ils ont dans le Diocéſe de Boulogne ſont toutes à la campagne, & dans des lieux où les Curez ſuffiſent pour entendre les confeſſions. D'ailleurs ces Religieux établis dans la partie du Diocéſe qui eſt en Artois, ont donné tant de ſujets de mécontentement à M. l'Ev. de B. que perſonne ne peut être ſurpris de la conduite qu'il tient envers eux. Il les regarde avec juſtice comme les premiers auteurs des troubles excitez en Artois à l'occaſion de la Bulle *Unigenitus*. Les peuples de cette Province prevenus de l'opinion de l'infaillibilité du Pape, ont écouté volontiers les declamations violentes des Recollets contre leur Evêque. Le ſoulevement y a été porté dans quelques endroits à un tel point, qu'on voit bien que ſi ce Prélat eût confié ſes pouvoirs à ces Religieux, c'eût été leur donner occaſion de cauſer encore de plus grands maux que ceux qu'ils y ont faits. Tous les jours ils abuſent de la permiſſion qu'on leur a laiſſée de dire la Meſſe hors de leurs Egliſes. M. de B. par condeſcendance n'a pas voulu les empêcher de la dire dans les Chapelles domeſtiques des Gentilshommes. Cependant on ſait qu'ils ſe ſervent de l'entrée que cela leur donne chez la Nobleſſe pour ſoulever beaucoup de perſonnes, contre leur Evêque, & entretenir la diviſion dans le troupeau.

On s'eſt plaint durant un tems qu'on manquoit de Confeſſeurs dans la Ville de S. Pol; mais la faute n'en ſauroit être imputée à M. de B. Il avoit approuvé les Carmes de cette Ville, comme ils le font encore aujourd'hui, & il ne tenoit point à ce Prélat qu'ils ne fiſſent uſage de leurs pouvoirs. Il faut s'en prendre uniquement à celui qui étoit alors Prieur de la Maiſon, & qui empêchoit ces Religieux de confeſſer, pour ſe venger d'un interdit que le Prélat s'étoit vû forcé de lui faire ſignifier.

Il ne reſte plus qu'à dire deux mots de quelques Vicaires du païs d'Artois qui ne ſont point approuvez pour confeſſer : mais outre que le nombre n'en eſt pas conſiderable, & que M. de B. a de très-bonnes raiſons pour ne leur pas donner ſes pouvoirs, c'eſt que dans ce petit nombre il y en a pluſieurs à qui ce Prélat ne refuſe point d'en donner, qu'il y en a même qui en ont, & qui n'oſeroient en faire uſage, de peur que ceux de ce canton qui ne cherchent que le trouble, ne s'en ſervent pour les décrier dans l'eſprit des peuples prévenus, en les faiſant paſſer pour avoir ſigné l'Appel ; quoiqu'il ſoit notoire que M. de B. ne l'exige de qui que ce ſoit, & même ne le propoſe pas.

Tous ces faits une fois conteſtez, il n'y a perſonne qui ne ſente l'injuſtice des plaintes qu'on fait contre M. l'Ev. de B. pour ne pas approuver les Recollets, Minimes & Capucins de ſon Diocéſe. Il ne faut qu'un peu de raiſon & de Religion, pour comprendre qu'après les procedez ſi étranges de ces Religieux envers leur Evêque, toutes les perſonnes équitables devroient ſe réunir contre eux & plaindre M. de B. d'avoir à faire à des hommes ſi peu traitables. Cependant ce Prélat a la douleur de voir que quelques-unes de ſes oüailles lui rendent aujourd'hui ſi peu de juſtice ſur cet article, qu'on aſſure qu'elles n'ont pas craint de porter leurs plaintes juſques au trône de S. M. & de préſenter un placet au Roi, pour le prier d'interpoſer ſon autorité Royale, pour obliger leur Evêque à accorder aux Religieux Minimes & Capucins des deux Communautez de

Calais & autres, les approbations néceffaires pour la Confeſſion & Prédi-
cation.

Mais ce qu'il y a de plus ſenſible
pour M. l'Ev. de B. c'eſt qu'il ſe ſoit
trouvé dans ſon Chapitre, des Chanoines qui ayent entrepris de donner
du corps à des plaintes de cette nature, & qui ayent voulu ſe prêter aux
deſſeins que quelques perſonnes a-
voient dès lors formé de ſuſciter à ce
Prélat l'affaire qu'on lui fait aujour-
d'hui. Ces perſonnes comprirent bien
que des plaintes de Laïques ramaſſées
çà & là, ne mériteroient pas grande
attention : ainſi elles prirent le parti
d'engager le Chapitre de Boulogne à
faire une députation à l'Evêque pour
lui repreſenter le beſoin de Conſeſſeurs dans ſon Diocéſe, perſuadées
qu'après cela leurs plaintes ſeroient
regardées comme très - juſtes & très-
légitimes.

On crut trouver dans deux membres de ce Chapitre tout ce qui étoit
néceſſaire pour faire réuſſir cette intrigue. Quoique ceux - ci ſoient re-
devables de tout ce qu'ils ſont à M.
de B. ils ne laiſſent pas de lui être
oppoſez en tout ce qu'ils croyent devoir lui être deſagréable. S'étant
chargez de l'exécution du projet, ils
engagerent le Chapitre à la demarche qu'on demandoit de lui, les Chanoines ignorant preſque tous leur
deſſein, & ne ſoupçonnant rien du
complot qu'ils avoient tramé avec
les ennemis de leur Evêque & de leur
bienfaiteur. La députation terminée,
ils en firent un acte qui fut mis ſur les
Regîtres à l'inſçû du Chapitre. Et
l'un des deux dont on vient de parler en envoya ſecretement la copie à
Calais. Quelques-uns diſent qu'il le
porta lui-même, afin que les auteurs
du placet en fiſſent l'uſage qu'ils s'é-
toient propoſez.

Dans cet acte auſſi - bien que dans
le placet, dont M. l'Ev. de B. n'a eu
connoiſſance que par le libelle qui a

pour titre, *Supplément à la Gazette de
Hollande*, & qu'on appelle vulgairement la Gazette des menſonges, on
y expoſe que le défaut de Confeſſeurs
dans le Diocéſe de Boulogne, étoit
cauſe que pluſieurs perſonnes y étoient
mortes ſans Sacremens. On ajoûte
dans le placet que les habitans de Calais ſont dans l'oppreſſion depuis pluſieurs années, qu'ils ſont privez de
Confeſſeurs & d'entendre la parole
divine : que non ſeulement les Capucins & les Minimes ſont interdits ;
mais encore les anciens Prêtres de la
Paroiſſe ; & que ces privations de Prédicateurs & de Confeſſeurs, ont produit les ſuites les plus funeſtes aux
Diocéſains de Boulogne.

Il n'y a perſonne qui en liſant ces pieces ne crût que le Diocéſe de B. eſt dans
la derniere deſolation ; que c'eſt une
choſe aſſez ordinaire d'y voir mourir
ſans Sacremens faute de Confeſſeurs,
& qu'on n'y entend plus prêcher la parole de Dieu. Cependant la verité eſt
qu'il n'y a point eu de meilleurs Prédicateurs dans le Diocéſe de Boulogne, & nommément à Calais que depuis les affaires de la Conſtitution.
Ceux qui ont prêché depuis ce tems
à Boulogne & à Calais, ont rempli
pour la plûpart les premieres Chai-
res de Paris & du Royaume. Et dans
le dernier Carême les deux Prédicateurs de l'une & l'autre Ville, ont été
ſuivis avec un concours ſi grand & ſi
ſoutenu, qu'on n'avoit peut-être rien
vû de ſemblable depuis que M. de B.
eſt Evêque.

Outre les Prédicateurs ſtationnai-
res de l'Avent, du Carême & de l'O-
ctave du S. Sacrement, qui ne man-
quent point à Boulogne & à Calais,
M. de B. fit venir il y a trois ans des
Miſſionnaires du Diocéſe de Paris
pour faire une Miſſion dans ces deux
Villes ; & les mêmes Miſſionnaires la
firent à Verſailles ſix mois après. Tant
que le feu ſieur Caron Curé de Calais a vêcu, il n'a point manqué de

prêcher toutes les Fêtes & Dimanches à la Messe de Paroisse, & souvent il montoit encore en Chaire après Vêpres. Ses Vicaires ont fait long-tems des exhortations familieres au peuple. Depuis la mort du sieur Caron qui arriva au mois de Mars 1721. lorsqu'il alloit en exil, les Prônes & les Catechismes, ont toûjours continué dans la Paroisse de Calais comme par le passé. Et on ne comprend pas comment on a la hardiesse de representer cette Ville comme privée de la consolation d'entendre la parole divine. Ce n'est pas connoître M. l'Ev. de B. que de le juger insensible aux besoins de ses peuples. Son attention en particulier sur la Ville de Calais est telle, qu'ayant appris avec quel succès le dernier Prédicateur qu'il y a envoyé, a annoncé l'Evangile, il avoit déja pris des mesures pour faire venir des Missionnaires de sa Congrégation, (c'est un Pere de l'Oratoire) afin d'y faire encore une Mission, résolu de les y entretenir & de les défrayer à ses dépens.

A l'égard de l'administration des Sacremens, M. de B. n'a pû voir sans une extrême surprise, qu'on ait osé avancer qu'on meurt dans son Diocése sans Sacremens faute de Confesseurs. C'est une horrible calomnie qui a rempli d'indignation tous les honnêtes gens de la Ville de Boulogne, & contre laquelle la plus saine partie du Chapitre s'est élevée, aussi-bien que contre la surprise qui lui a été faite.

Il est dit dans l'acte qui porte le nom du Chapitre dans cette miserable Gazette, que le sieur Duvoy l'un des Deputez en cita quelques exemples. M. de B. ne se souvient pas s'il lui cita des exemples. S'il en cita quelqu'un, ce ne peut être que celui d'une fille de la Paroisse de la Cathédrale, morte de la petite verole en l'absence du Curé. Mais outre que

ce fait regarde le Curé, il faut dire pour sa decharge que la Mere de la fille avoit attendu à l'extrêmité à donner avis de sa maladie, & qu'il y avoit à deux pas huit Prêtres de l'Oratoire qui ont des pouvoirs de confesser, ausquels il étoit aisé d'avoir recours; & encore, que quand on s'addressa au sieur Duvoy Penitencier, sur le refus d'un autre Chanoine qui avoit coûtume de suppléer en l'absence du Curé, ledit sieur Duvoy auroit pu aller à tems pour administrer les Sacremens à cette fille, s'il n'avoit pas fait de mauvaises difficultez à la personne qui l'alla prier de venir la confesser. Il voulut d'abord avoir une permission de M. l'Ev. de B. Le Prélat répondit qu'étant Penitencier, il n'en avoit pas besoin, mais que s'il vouloit qu'il lui donnât son agrément, il le lui donnoit très-volontiers. Il ne fut pas content de cette réponse, il vouloit une permission par écrit. M. de B. lui mit par écrit ce qu'il lui avoit fait dire de vive voix. Le sieur Duvoy ayant reçu la réponse, demanda si la malade étoit pressée, & s'il n'auroit pas le tems d'aller à Vêpres. On lui dit qu'oüi. Il remit donc après les Vêpres à y aller, & la malade ne se trouva plus en état de se confesser.

C'est le seul exemple que le sieur Duvoy ait pu citer, pour prouver qu'on meurt sans Sacremens dans le Diocése de Boulogne par le défaut de Confesseurs. Toutes les personnes de la Ville qui ont entendu parler de ce fait, en ont été dans le dernier étonnement. Et le sieur Duvoy lui-même en est aujourd'hui si honteux, qu'on ne croit pas qu'il osât plus s'en servir pour appuyer cette calomnie. S'il y avoit quelque endroit où ce malheur fût arrivé, ce seroit à Boulogne ou à Calais qui sont les lieux les plus considerables du Diocése ; mais on ne craint pas de défier qu'on puisse en citer un seul exemple.

Il eſt dit dans le placet qui porte le nom des habitans de Calais, qu'il y eſt mort des perſonnes à qui on a refuſé d'adminiſtrer les Sacremens. Ce n'eſt donc pas faute de Confeſſeurs, ſi ces perſonnes ſont mortes ſans Sacremens.

On voit bien qu'on veut parler de la mort du ſieur Betfort ci-devant Maïeur de Calais, & l'un des principaux auteurs du trouble : mais M. de B. a tellement juſtifié à cet égard la conduite du feu ſieur Curé de Calais dans une lettre qu'il écrivoit alors à M. de la Vrilliere, qu'il n'y a pas d'apparence qu'on puiſſe revenir davantage ſur cet article. Il ſuffit de dire en un mot que le ſieur Betfort pouſſa l'entêtement & l'opiniâtreté, juſqu'à preferer de mourir ſans Sacremens, plûtôt que de voir ſon Curé & de recevoir les Sacremens de ſa main, quoique le Curé ſe fût préſenté pendant tout le cours de ſa maladie, & l'en eût pluſieurs fois fait ſolliciter.

Enfin le même placet porte que M. de B. a interdit les anciens Prêtres & Confeſſeurs de la Paroiſſe. Ces anciens Prêtres & Confeſſeurs, ſe réduiſent à un ſeul que M. de B. n'a point interdit, mais à qui il n'a fait que demander de repreſenter ſes pouvoirs : ce Prêtre n'ayant pu les repreſenter, s'eſt interdit de lui-même.

Mais ce que le placet n'a garde de dire, c'eſt que M. de B. envoye régulierement à Calais à la Fête de Pâques & autres principales, des Confeſſeurs extraordinaires qu'il tire de la Miſſion de S. Lazare. Il les y avoit déja envoyez au dernier Jubilé, il les y a encore renvoyez à Noël, à Pâques & à la Pentecôte derniere. Et toutes les fois qu'ils y ſont allez, le Prélat a toûjours déclaré que ſi le nombre des Confeſſeurs ne ſuffiſoit pas pour le travail, il n'y avoit qu'à l'avertir, & que ſur le champ il en fourniroit ſelon les beſoins. Il y en

avoit douze qui confeſſoient dans la Paroiſſe à la Pâque derniere, & cinq ſelon la coûtume pour la Citadelle, le Fort Nieuloy & le Faubourg, ſans parler de ſix Curez du voiſinage qui ſont avertis & invitez de s'y rendre depuis pluſieurs années pendant la quinzaine de Pâques. On a annoncé au Prône que ces Curez viendroient pluſieurs jours de la ſemaine, ſoit devant, ſoit après la Fête : ils y ſont en effet venus, mais inutilement, perſonne ne s'étant addreſſé à eux.

Les auteurs du placet expoſent qu'à Boulogne il y a plus de Confeſſeurs qu'à Calais, quoique la Ville ne ſoit pas ſi peuplée. Cela eſt vrai : au lieu de quatre Peres de l'Oratoire qui confeſſoient ci-devant, il y en a maintenant ſept ou huit. Les Miſſionnaires de S. Lazare qui ont le Seminaire, & qui ne confeſſoient point les perſonnes du dehors, quand les Capucins & les Minimes étoient approuvez, les confeſſent aujourd'hui : il y a des Chanoines, des Prêtres habituez, des Cordeliers, & même un Capucin qui confeſſent comme par le paſſé. Mais il faut remarquer qu'à Boulogne il n'y a point de diviſion, le peuple ſe confeſſe aux Prêtres Appellans, & non Appellans indifferemment. On n'y court point en foule dans un Diocéſe étranger pour y faire des confeſſions fraudulenſes & ſacrileges. S'il y a moins de peuple, il y a plus de perſonnes qui y font leur devoir de Religion, il faut donc qu'il y ait auſſi plus de Confeſſeurs. Mais à dire vrai, ce n'eſt point la rareté des Confeſſeurs qui fait qu'on ſe plaint à Calais. Qu'on y retranche la meilleure partie de ceux qui y ſont avec ceux qu'on y envoye ; & qu'à leur place on approuve ſeulement trois ou quatre Confeſſeurs d'une certaine eſpece, on ne dira plus qu'on y manque de Confeſſeurs. Rien n'eſt ſi ordinaire que d'entendre dire à ceux qui y font le plus de bruit qu'ils ne

veulent

veulent point de Confeffeurs qui dif-férent l'abfolution. On veut vivre dans le libertinage, & paroître néan-moins s'acquitter des dehors de la Re-ligion. Et parce qu'on ne trouve pas les Confeffeurs approuvez par M. de B. difpofez à le permettre, en voilà affez pour les décrier dans l'efprit des hommes charnels.

Les peuples, difent les auteurs du placet, n'y ont aucune confiance. Mais à qui faut-il s'en prendre? eft-ce à l'Evêque qui fuit dans le choix des Confeffeurs les régles que l'Evangile lui prefcrit? ou au peuple qui vou-droit qu'on n'eût égard qu'à ce que fes paffions & fa cupidité lui fugge-rent?

X.

SECOND MEMOIRE

OU l'on continue à détruire les plaintes portées contre le gouver-nement de M. l'Evêque de Bou-logne dans fon Diocéfe.

ON vient de répandre dans le Pu-blic une lettre de M. l'Ev. d'A-miens à M. l'Arc. de Reims, où le premier s'efforce de donner du gou-vernement de M. l'Ev. de B. l'idée la plus defavantageufe.

La publicité de cette lettre met dans la néceffité de rendre publique celle que M. de B. écrivit il y a deux mois à M. d'Amiens, pour fe plain-dre de ce que ce Prélat fans avoir pris aucunes mefures avec fon Con-frere, s'étoit ingeré de donner la Con-firmation à des Paroiffes, ou plûtôt à des Decanats entiers du Diocéfe de Boulogne.

On joindra à la lettre de M. de B. la réponfe que M. d'Amiens y a fai-te; & on fera enfuite fur les deux lettres de M. d'Amiens les obferva-tions néceffaires, pour juftifier la conduite de M. de B. que M. d'A-miens cherche à décrier.

LETTRE

De M. l'Evêque d'Amiens à M. l'Archevêque de Reims.

A Auxi-Château ce 9. Mai 1723.

J'AUROIS bien fouhaité, MONSEI-GNEUR, d'être le témoin du zele dont vous êtes toûjours animé, & que vous avez fait paroître particuliére-ment dans l'Affemblée pour les inte-rêts de la Religion. J'aurois profité de tout ce que nos illuftres Confre-res ont dit après vous, M. fur ce fu-jet; mais il femble que la Providen-ce ait permis que mes vifites euffent été indiquées fur les confins du dio-céfe de Boulogne, avant que vous euffiez indiqué l'Affemblée, pour me rendre le témoin oculaire, & le trifte fpectateur de la défolation où ce pau-vre diocéfe eft réduit.

Le fpectacle édifiant de plus de qua-tre mille perfonnes qui font venues avec empreffement demander le fa-crement de la Confirmation, & fe confeffer à nos Miffionnaires, auroit tiré les larmes des yeux les plus en-durcis; les uns conduits en procef-fion par les Curez les plus refpecta-bles; les autres après avoir arraché à leurs Curez, qui ne vouloient pas s'expofer à la colere de leur Evêque, la permiffion verbale d'y venir, fe font prefentez dans différentes Paroif-fes, où je les ai reçûs avec plaifir; les autres ne m'ayant pas trouvé dans un endroit, après avoir marché toute la nuit, & avoir fait plus de fix lieuës de chemin, me fuivoient encore pour me trouver au moins dans le lieu de mon domicile, en difant qu'ils au-roient fait dix lieuës pour recevoir ce facrement.

Je me rendois auffi-tôt à l'Eglife

I

pour satisfaire leur dévotion, touché de la pieté de ce Peuple qui marquoit tant de zele pour la Religion, & qui protestoit qu'il ne recevroit point ce sacrement de la main d'un Evêque qui leur refuse les moyens même de se confesser, soit par un interdit presque general des Confesseurs soumis à la Constitution, soit par le refus de leur accorder le pouvoir d'absoudre des cas reservez dont on a si souvent besoin, & dont les seuls Appellans sont honorez. J'ai sacrifié quelquefois des journées entieres à Cercamp, à Frevant & à Conchil, pour épargner à ces pauvres Peuples la peine d'aller plus loin, & on m'a assuré que de la seule petite ville de S. Pol, il en est sorti plus de six cens personnes pour recevoir ce sacrement.

Je puis donc parler plus savamment que je n'aurois pû faire à l'Assemblée, du besoin pressant & indispensable d'un Concile Provincial pour sauver la Religion dans un diocése où l'on ne reçoit aux saints Ordres & aux Benefices, que ceux qui se déclarent contre la Constitution. Je vois ici des Ecclésiastiques qui se sont retirez chez leurs parens, qui assûrent qu'ils seroient déja Prêtres, Vicaires ou Curez, s'ils avoient voulu être Appellans, & qui attendent avec patience un remede à leurs maux.

J'espere, M. que ce petit détail que produit le schisme dans un diocése de notre Province, & dont je serai encore plus instruit dans une Mission, & dans les visites que je m'en vais faire du côté de Montreuil, toûjours sur les confins du diocése de Boulogne, justifiera pleinement la demande que l'Assemblée a jugé à propos de faire d'un Concile Provincial, & vous engagera à prendre tous les moyens possibles pour l'obtenir de la pieté & de la bonté du Roi. J'ai l'honneur d'être avec respect, MONSEIGNEUR, votre très-humble & très-obéïssant serviteur. *Signé*, † PIERRE, Evêque d'Amiens.

Au mois d'Août 1723.

M. DE BOULOGNE n'a eu connoissance de la Lettre précedente que depuis qu'elle a été rendue publique par l'impression. Il l'ignoroit absolument, quand il écrivit quelque tems après à M. d'Amiens la Lettre suivante..

LETTRE

De M. l'Evêque de Boulogne à M. l'Evêque d'Amiens.

A Montcavrel ce 14. Juin 1723.

J'AI appris, MONSEIGNEUR, avec une extrême surprise qu'étant venu donner la Confirmation en plusieurs endroits de votre diocése limitrophes du mien, vous avez administré ce Sacrement, non à quelques-uns de mes diocéfains, ce que je ne trouverois point mauvais, mais à des Paroisses entieres, dont les Curez ont eu la temerité de vous amener leurs Paroissiens. Je ne sai, M. si vous avez assez refléchi sur cette demarche : j'ai de la peine à croire que vous en ayez prévû tous les inconveniens : mais de quelque maniere que la chose soit arrivée, que pourriez-vous dire, M. pour vous mettre à couvert des justes reproches que je suis en droit de vous faire ?

Ou je suis Evêque de Boulogne, ou je ne le suis pas : si je le suis, permettez-moi de vous demander sur quel fondement vous avez crû qu'il vous fût permis de faire la fonction d'Evêque à l'égard de mes Diocéfains. Aviez-vous mon agrément pour cela ? Si vous ne l'aviez pas, vous deviez, ce me semble, respecter les Canons, qui défendent de porter la faux dans la moisson d'autrui : vous deviez vous renfermer dans la portion du troupeau qui vous a été confié, & ne pas suivre si aisément les mouvemens d'un zéle qui vous portoit à me dérober une partie de celui que la Providence m'a destiné.

Peut-être me regardez-vous, M. comme indigne de la place que j'occupe, & comme le serviteur infidele qui dissipe le bien de son maître. Il est vrai que mon indignité est extrême, & que mes miseres sont infinies. Mais quelqu'indigne que je sois du Ministere sacré, quelque terrible que soit le compte que j'ai à en rendre, ce n'est point à vous, M. à me juger; c'est à Dieu que je suis responsable de mon administration : si je tombe, ou si je demeure ferme, cela le regarde : * *Tu quis es qui judicas alienum servum?*

Direz-vous que vous avez été touché de compassion pour le Peuple de mon diocése; que vous n'avez pû vous refuser aux empressemens de ceux qui se sont adressez à vous; que desirant de recevoir la Confirmation des mains d'un Evêque Catholique, il étoit juste de leur donner cette consolation; que cette ardeur qu'ils ont témoignée pour être confirmez de votre main, ne pouvant venir que de l'impression de l'esprit saint, ç'auroit été resister au Saint-Esprit, que de ne pas passer sur les régles ordinaires dans une occasion de cette nature?

Si ce sont là vos défenses, M. il ne m'est pas difficile d'y répondre. Quand je serois tel que mes ennemis le representent, dès qu'il n'y a point de jugement prononcé contre moi, que je suis revêtu de l'autorité, que j'ai toute la Jurisdiction que j'avois avant ces troubles dans mon diocése, & que vous n'oseriez me le contester, vous n'avez pas dû entreprendre sur mes droits, ni vous comporter à l'égard de mes diocésains, comme si je n'étois plus Evêque, & que vous fussiez le leur.

Je ne crois pas, M. que vous voulussiés mettre entre vous & moi la même difference qu'il y avoit entre J. C. & le Prince des Prêtres. Cependant je ne vois point que J. C. ait détourné les peuples de rendre à ceux qui étoient assis sur la Chaire de Moyse le respect & la soumission qui leur étoient dûs : Au contraire, les peuples qui couroient après J. C. ne laissoient pas d'écouter les Prêtres & les Docteurs de la Loi. Tant que la Synagogue subsista, ses Ministres furent regardés comme legitimes. Ils se separoient des Apôtres, & les Apôtres ne se separoient point d'eux. Mais en verité, M. en est-il ici de même?

Pourriez-vous me répondre que le peuple qui a reçû de vos mains la Confirmation soit revenu bien disposé à me rendre le respect & la soumission qu'il me doit? Si cela étoit, je pourrois me persuader qu'en recevant de vos mains les Sacremens, il auroit reçû l'Esprit saint qui en est l'effet. Mais pour meriter ce don sacré, il faut d'autres préparations que celles que ce pauvre peuple y a apportées.

Oüi, M. c'est un reproche éternel que je suis en droit de vous faire, & dont vous ne vous laverez jamais, que vous ayez donné la Confirmation à des peuples, qui n'y ont apportés d'autres preparations que les soulevemens, les seditions, les emportemens, les violences, les impietés, les blasphêmes, les sacrileges, que plusieurs d'entre eux n'ont cessé de commetre depuis quelques années.

C'est un fait notoire & public, dont j'ai les Procès verbaux & les informations en main, que dans la Ville de St. Pol, & dans des Paroisses circonvoisines, d'où l'on vous a mené

---

* Qui êtes-vous, pour juger ainsi le serviteur d'autrui ? *Rom.* 14. 4.

tant de perſonnes, pour être confirmées, il s'y eſt commis, ſur tout dans S. Pol, des excès & des ſcandales ſi affreux, qu'ils pourroient être comparés à ceux des Fanatiques & des Circoncellions.

C'eſt tout dire, qu'on a arraché les Miniſtres de J. C. des Autels ; que des femmes forcenées ont empêché leur propre Paſteur de celebrer les ſaints Myſteres ; qu'elles ont vomi contre lui mille injures & mille exécrations juſques dans le ſanctuaire ; qu'elles l'ont chaſſé & conduit ignominieuſement hors de l'Egliſe, & que plus d'une fois il a couru riſque de ſa vie. Les enfans excités ont pris des pierres, & les ont jettées contre l'Official même, & le Promoteur de mon Dioceſe, qui s'étoient tranſportés ſur les lieux pour informer : Et ce qui eſt encore plus horrible, tandis que le premier celebroit les ſaints Myſteres, on a vû ces mêmes enfans animés par la préſence de diverſes perſonnes de l'un & de l'autre ſexe, crier, fraper de tous côtez, & outrager le celebrant par leurs imprecations, ſans que le moment redoutable de la conſecration fût capable de les arrêter : au contraire les clameurs n'en devinrent que plus grandes & plus horribles.

Quelle preparation, M. pour recevoir le St. Eſprit ! * Les fruits de l'Eſprit St. ſont la charité, la paix, la patience, l'humanité, la bonté, la douceur, la foy, la modeſtie, la continence. Ici je ne vois que diſſenſions, jalouſies, animoſités, querelles, diviſions, envies, & tous ces crimes dont il eſt dit que ceux qui les commettent ne ſeront point heritiers du Royaume de Dieu.

N'avez-vous point apprehendé, M. qu'un Sacrement que J. C. a établi pour être le ſceau de l'union entre les fideles, ne devînt à l'égard de ces peuples infortunés le ſceau de la diviſion & du ſchiſme d'avec leur propre

Paſteur ? En vain vous raſſureriez-vous ſur ce qu'ils ſont attachés au ſouverain Pontife ? Dieu & l'Egliſe me ſont témoins que je n'ai jamais penſé à les en ſeparer. Mais n'y a-t-il pas des occaſions où l'on pourroit être coupable du ſchiſme, en diſant, *Je ſuis à Pierre*, parce qu'en même-temps on rejetteroit Paul, & on mépriſeroit Apollon ?

Qu'il eſt étrange, M. que vous n'ayez pas prévu toutes les ſuites d'une démarche comme la vôtre. Auquel de ceux que vous avez confirmez dans un âge un peu avancé viendra-t-il dans l'eſprit d'avoir eu tort de s'être ſoulevé contre ſon Evêque, de le déchirer & de le calomnier, de l'outrager dans ſes Miniſtres, & de ſecouer le joug de ſon autorité ? qui d'entre ces peuples ſera capable d'entendre deformais qu'il n'y a point de ſalut pour lui, s'il ne fait penitence, & s'il ne repare d'une maniere authentique tous les excès & les ſcandales auſquels il s'eſt porté ?

Mais ſi j'ai ſujet de me plaindre pour le tort irreparable que vous avez fait à la portion de mon troupeau qui eſt malade, que ne puis-je pas dire du mal que vous pouvez cauſer par là à celle qui eſt ſaine ? Graces à la miſericorde de Dieu, ce n'eſt que dans quelques endroits de mon Dioceſe où l'on a vû arriver les ſcandales dont je me plains, & les mêmes Curés qui ont été maltraités ou arrachés des Autels dans ces endroits, ſont aujourd'hui honorés, reſpectés & cheris dans d'autres lieux où je les ai transferés.

Mais ſi les peuples qu'ils gouvernent viennent à ſavoir que vous avez reçû tendrement les perſecuteurs de leurs Curés, n'ai-je pas lieu de craindre qu'ils ne les regardent plus comme perſecuteurs, & que quelque libertin ou quelque mecontent, comme il s'en trouve toûjours quelques-uns dans

les

* Gal 5. 2.

les Paroiſſes, n'en prennent occaſion d'exciter les autres à la revolte ? Car voilà la ſource de la plûpart des troubles arrivés dans mon Dioceſe, & c'eſt ce qu'il eſt bon que vous ſçachiez, Monſeigneur.

Qu'un homme qui a quelque credit dans une Paroiſſe, ſoit fâché que je n'aye pas nommé à la Cure de la Paroiſſe ſon fils, ſon frere, ſon parent : qu'un Eccléſiaſtique vitieux craigne la correction de ſon Evêque ou les pourſuites de l'Officialité : qu'un Prêtre ignorant ſoit chagrin de ce que je ne l'employe pas : qu'un Vicaire d'un mérite très-mince ſoit jaloux qu'on lui ait préferé un autre ſujet pour remplir une Cure vacante ; il n'en faut point davantage pour exciter du trouble en autant de lieux où réſident ces mécontents. Les premieres revoltes ſont demeurées impunies, ils comptent qu'il en ſera de même de toutes les autres. Tous les jours je vois qu'on couvre du zele pour la Religion les plus grands excés contre la Religion même. Tel qui dans un autre temps ſe feroit vû ſuſpens des ſaints Ordres par ſon indignité, ſe fait regarder par un peuple qu'il a abuſé, comme un Apôtre & un Défenſeur de la foi. Tel dans le rang des Laïques ſe donne comme un des plus grands ſoutiens de la Religion, qui ne s'eſt point approché des Sacremens depuis douze ou 15. ans. Tel enfin parmi des Religieux mandians décrient ceux qui tiennent de moi leur miſſion, qui recevroient à baiſe-mains des pouvoirs de prêcher & de confeſſer, ſi je voulois lui en accorder.

Qu'il eſt triſte pour vous, M. qu'on puiſſe vous reprocher d'autoriſer tous ces excés ! Direz-vous que vous ne les connoiſſiés pas ? Mais pardonnez-moi, ſi je vous le dis, pourquoi vous mêler de ce qui ne vous regarde pas ? Si vous aviez envie de donner la Confirmation à mes Dioceſains, n'étoit-il pas plus convenable de me pre-

venir, de m'en écrire deux mots, & de prendre avec moi les meſures neceſſaires pour le faire avec fruit ? Si je n'avois pas été en état d'adminiſtrer ce Sacrement, j'aurois donné les ordres pour preparer, & inſtruire ceux que j'aurois jugé à propos de vous adreſſer ; & parce que tous les Curés ne ſont pas également attentifs, j'aurois commis des perſonnes pour examiner auparavant les Paroiſſiens de ceux que je connois manquer de vigilance. Tout ſe feroit paſſé dans l'ordre & avec édification, comme cela ſe pratique dans mes viſites : au lieu que j'ai la douleur d'entendre dire que vous avez reçû indifferemment ceux qui ſe ſont preſentés, & que non ſeulement vous avez donné la Confirmation à ceux que toutes les raiſons que j'ai marquées ci-deſſus en rendoient ſi indignes ; mais de plus que vous n'avez pas pris la précaution de les faire interroger, les ſuppoſans inſtruits, tandis qu'ils ne l'étoient pas.

Souffrez, M. que je vous tranſcrive ici ce qu'écrit à ce ſujet un homme ſage & experimenté, qui connoît depuis long-temps les cantons dont vous avez confirmé les peuples : c'eſt à un de mes grands Vicaires que la Lettre eſt adreſſée.

Si vous aviés été ſur les lieux, lui dit-il, *& que vous euſſiés connu l'ignorance des peuples comme moi, je crois que vous en euſſiés verſé des larmes.* Il ajoûte parlant de vous, Monſeigneur : *Il a paſſé pour un Evêque doux & accommodant, parce qu'il ne demandoit pas de Catechiſme. S'il en avoit demandé, je crois que d'un mille il n'en auroit pas confirmé un cent.* Auparavant il avoit dit : *il y en a qui ont reçu le Sacrement ſans avoir été à confeſſe.*

Tout ceci, M. ne ſçauroit vous faire beaucoup d'honneur. On n'eſt point accoûtumé à recevoir dans mon Dioceſe ſans examen & ſans préparation les peuples qui ſe preſentent pour la Confirmation. Voilà pourquoi les bons Eccléſiaſtiques gemiſſent, quand ils voyent ainſi renverſer toutes les regles, & violer mes ſtatuts. Je pourrois comme un autre paſſer pour un Evêque doux & accommodant, il ne tiendroit qu'à moi de faire bien de l'ouvrage en peu de jours ; mais j'aime mieux finir comme j'ai commencé, & paſſer pour y regarder un peu de près, que d'aller ſi vîte en fait de Sacremens.

Au reſte, M. n'allez pas croire que tout mon Dioceſe ſoit dans l'état que vient de vous marquer celui dont vous avez entendu les paroles. Je ne vois point l'ignorance dont il ſe plaint dans tout le Boulonnois, le pays d'Ardres, & le pays reconquis. Tous les peuples de la campagne étant ſoumis à leurs Curés, & les Curés à leur Evêque, la tranquillité dont on y jouit fait que les peuples ſont inſtruits. Ils reçoivent avec reconnoiſſance tous les Prêtres que je leur donne, & je tâche de ne leur en donner que de bons. Le concert qu'il y a entre les membres & le chef produit à l'égard du peuple l'effet qui doit ſuivre naturellement.

Les Curés ſçavent combien je recommande l'inſtruction ; ils s'y appliquent ſur tout dans les Paroiſſes que j'ai renouvellées, & j'ai la conſolation d'y voir des peuples très-inſtruits, & en état de rendre raiſon de leur foi, quand on le leur demande. S'il n'en eſt pas de même des Paroiſſes que vous avez confirmées, c'eſt que les Curez cherchent à y vivre dans l'indépendance de leur Evêque, & que ne craignant plus ſes viſites, ils ne ſe donnent pas les ſoins qu'ils ſe donneroient, s'ils avoient lieu d'apprehender des corrections.

Jugez par-là, M. du tort que vous avez eu de recevoir ces Curez comme vous avez fait : En leur faiſant accueil vous les autoriſez dans leurs revoltes, & vous vous chargés devant Dieu de tous les maux qui en naiſſent dans mon Dioceſe. Que ne vous renfermez-vous dans le votre, M. la Moiſſon y eſt aſſez grande, pour fournir matiere à votre zele. On s'étonne que vous portiez vos vues ſur le Dioceſe de Boulogne, tandis que vous avez des beſoins ſi preſſans au milieu de vous. On ſe demande par exemple, permettez ceci à votre ancien dans l'Epiſcopat ; on ſe demande pourquoi depuis près de quatre ans qu'un Chanoine de votre Cathedrale & ſix Curez de votre Ville Epiſcopale vous ont dénoncé des Propoſitions horribles, enſeignées les unes à vos peuples, les autres aux jeunes étudians, on n'a pû encore en obtenir juſtice de votre part. Si on prêchoit, dit-on, dans la Cathedrale de Boulogne, comme on a fait dans celle d'Amiens : ,, Que dans les premiers ſie,, cles du Chriſtianiſme Dieu deman,, doit beaucoup des Chrétiens, mais ,, qu'il ſe contente dans les derniers ,, du peu qu'ils lui donnent : ſembla,, ble à un Marchand en Foire qui ,, ſurfaiſant d'abord ſa marchandiſe ,, pour la vendre le plus qu'il peut, la ,, donne à la fin de la Foire quaſi pour ,, rien : trop heureux d'avoir des Mar,, chands. Si, dit-on, on prêchoit cette abominable doctrine dans la Chaire de Boulogne, l'Evêque le ſouffriroit-il ?

Un Prédicateur, comme le Pere Claude Marie Rouſſeau Capucin, enſeignoit à Boulogne comme à Amiens. ,, Que dans un Acte de con,, trition, après avoir dit, *Seigneur, je* ,, *vous demande pardon de mes péchés, &* ,, *je me propoſe de m'en corriger*, il ne ,, faut point ajoûter *moyennant votre* ,, *ſainte grace :* parce que par ces paro,, les on ſemble rejetter ſur Dieu mê,, me, & ſur le défaut de la grace les ,, péchés dans leſquels on vient à re,, tomber. Si cela arrivoit à Boulogne, reprent-on, l'Evêque demeureroit-il dans le ſilence ?

Non, M. je puis bien vous le proteſter : je n'ajoûterois point à toutes

mes fautes celle de laiſſer ſemer la zi-
zanie dans le champ du Seigneur ,
pouvant l'empêcher. On me rend
juſtice quand on a de moi cette idée.
Je voudrois de tout mon cœur qu'on
pût vous la rendre auſſi entiere ſur cet
article. Vous éviteriez par là le reproche qu'on pourroit peut-être vous
faire de vous empreſſer d'ôter la pail-
le qui eſt dans l'œil de votre frere ,
tandis que vous ne voyés pas la pou-
tre qui eſt dans le votre.

Faites - y attention , M. & trouvez
bon que je vous prie de ne vous plus
mêler des affaires de mon diocéſe.
Imitez en cela la prudence & la re-
tenue de MM. les Évêques d'Arras &
de S. Omer , qui auroient bien plus
de facilité que vous , de donner la
Confirmation à mes diocéſains ; mais
qui connoiſſent trop les régles de l'E-
gliſe pour rien entreprendre de cette
nature ſans ma participation.

Je ſuis actuellement dans le cours
de mes viſites , & j'ai fait avertir toutes les Paroiſſes voiſines de Montreüil
que j'y vas donner inceſſamment la
Confirmation. Je ſai qu'on a fait
courir des billets de votre diocéſe dans
ce canton , pour inviter les peuples à
venir recevoir de vos mains ce ſacrement. Je ne crois pas , M. qu'après la
lecture de ma lettre vous vouluſſiez
me donner de nouveaux ſujets de
plaintes à cet égard. Je ne confirme
perſonne qu'il ne me ſoit preſenté par
ſon propre Curé , & jamais il ne m'eſt
arrivé de recevoir le témoignage des
Curez qui ne ſont pas de mon diocéſe. J'eſpere que vous voudrez bien
obſerver le même ordre dorénavant,
& que vous ne ferez aucune entrepriſe
ſur moi , comme je n'en fais aucune
ſur vous , & que je n'en veux faire ſur
qui que ce ſoit. J'ai l'honneur &c.

REPONSE

De M. l'Evêque d'Amiens à la Lettre précedente.

A St. André le 14. Juin 1723.

JE reçois, MONSEIGNEUR , dans ce
moment la Lettre que vous m'avez
fait l'honneur de m'écrire , & les reproches que vous croyez me devoir
faire ſur la charité que j'ai eue de recevoir vos diocéſains, lorſqu'ils m'ont
été preſentez de la part de MM. vos
Curez. Un Evêque que vous traitez
ſi publiquement d'ignorant, & qui ne
peut pas manquer de l'être, n'étant
pas du nombre que vous appellez les
plus diſtinguez, les plus éclairez , &
les plus ſaints de l'Egliſe , n'entreprendra pas de répondre ſur le champ
à votre longue reprehenſion : mais je
me contente de dire comme vous, M.
ou je ſuis Evêque, ou je ne le ſuis pas ;
ſi je le ſuis , je puis adminiſtrer dans
mon diocéſe les ſacremens qu'on a
coûtume d'adminiſtrer aux diocéſains
d'un diocéſe à l'autre , ſans que les
Evêques le trouvent mauvais. Or bien
loin de croire que ce fût vous faire
injure de recevoir vos diocéſains qui
venoient de la part de vos Curez , &
qui dans la crainte de ne vous pas
voir ſi - tôt dans leurs cantons , me
prioient inſtamment de prendre une
peine qu'ils ne croyoient pas que votre ſanté vous permît de prendre ;
j'aurois lieu d'attendre des remerciemens plûtôt que des reproches de votre part. Je n'ai point mis la faux
dans la moiſſon d'autrui, comme le
diſent vos Emiſſaires, qui ont lû ſans
doute votre lettre avant moi ; puiſque je n'ai point ſorti de mon diocéſe pour entrer dans le votre , que
je n'ai point ſollicité vos diocéſains ,
& que je ne m'attendois pas à les voir,
lorſque je ſuis venu dans le canton

pour faire mes vifites, comme je les avois fait il y a neuf ans. Ainfi je me crois fort à l'abri de vos reproches. J'ai compté fur la vigilance de vos Pafteurs, lorfque j'ai reçu leurs oüailles ; & dans un diocéfe, M. que vous dites fi bien réglé ; j'ai crû qu'ils leur avoient fait, comme dans le mien, le Catechifme, avec tant d'exactitude, qu'ils étoient en état de recevoir le facrement qu'ils me demandoient, & que les uns craignoient de ne jamais recevoir, après avoir attendu inutilement près de 20. ans, pour le voir adminiftrer dans leurs Paroiffes, & que les autres refufoient de recevoir de vos mains, perfuadez que vous êtes excommunié : ce qu'ils auront lieu de croire, tant qu'il vous verront perfifter dans votre Appel.

J'ai l'honneur d'être avec beaucoup de refpect, Monseigneur, votre très-humble & très - obéïffant ferviteur. *Signé*, Pierre, Ev. d'Amiens.

REFLEXIONS

Sur les deux Lettres de M. l'E-vêque d'Amiens.

1. JE ne fai s'il y a un reproche plus dur, plus injurieux & plus inde-cent que celui qu'on vient d'entendre de la bouche de M. l'Ev. d'Amiens. Dire en face à un Evêque, tel que M. de B. qu'il a donné lieu de croire qu'il eft excommunié, & que fes propres diocéfains ont raifon de refufer les Sacremens de fa main, c'eft l'effet du dernier aveuglement.

Il eft vrai qu'à en juger par les excès, * où M. d'Amiens s'eft porté jufqu'à prefent, pour faire valoir la Bulle *Unigenitus*, on avoit lieu de craindre qu'ils ne le menaffent à celui-ci ; mais quelque fujet qu'on eût de l'apprehender, on ne peut s'empêcher d'en être furpris, quand on le voit. Il eft des excès qui paroiffent toûjours nouveaux : on a beau les prevoir, on ne s'y accoûtume point. Celui-ci eft du nombre ; & M. d'Amiens eft à plaindre de s'y être laiffé aller.

Pour arrêter ce Prélat, s'il étoit capable d'entrer en raifon, il n'y auroit qu'à lui demander où eft la fentence d'excommunication prononcée contre M. l'Ev. de B. Mais fi M. de B. eft excommunié, pourquoi lui laiffe-t-on faire toutes les fonctions Epifcopales ? Pourquoi M. d'Amiens lui-même lui reproche-t-il de ne pas approuver autant de Confeffeurs qu'il en faudroit dans fon diocéfe ? Pourquoi fe défond-t-il d'avoir mis la faulx

* En 1718. M. d'Amiens publia un Mandement de feparation, dont le Chapitre de fa Cathédrale appella comme d'abus Les capitulans qui opinerent pour l'Appel au nombre de 26. font demeurez depuis ce tems fans pouvoirs de prêcher & de confeffer.

La même année ce Prélat fit diftribuer & répandre à pleines mains dans fon diocéfe par les foins de fon Secretaire un petit libelle intitulé, *Inftruction Familiere en forme de Catechifme fur la foumiffion duë à la Bulle* Unigenitus. Ce libelle contenoit des maximes fi affreufes, que fur le requifitoire de MM. les Gens du Roi le Parlement de Paris rendit un Arrêt le 14 Janvier 1719. qui ordonnoit que ledit libelle feroit laceré & brûlé par la main du bourreau

Le même Parlement rendit un fecond Arrêt le 11 Mars 1719. pour confirmer le premier Arrêt rendu contre ce libelle avec ordre au Procureur du Roi de Mondidier diocéfe d'Amiens, d'informer contre ceux qui le diftribuoient.

En 1721. M. d'Amiens fit reimprimer le *Catechifme du Jubilé* de fon diocéfe, & y fit faire deux additions. Dans l'une on decide qu'on ne peut abfoudre ceux qui ne reçoivent pas la Bulle Unigenitus, ou qui perfiftent dans leur Appel. Dans l'autre on fait entendre que les confeffions faites aux Prêtres Appellans font nulles, & qu'il faut les recommencer.

Le Chapitre de la Cathédrale appella encore comme d'abus du Mandement à cette occafion, & la Cour obligea M. d'Amiens de fupprimer lui-même ce Catechifme. Après tous ces faits, eft - il bien difficile d'appercevoir ce qui fait agir ce Prélat ? on s'eft malheureufement trop avancé. On a fait des démarches imprudentes, & on a de la peine à revenir aux régles. On fait ce que vaut aujourd'hui le point d'honneur parmi certains Prélats.

faulx dans la moiſſon d'autrui? que ne vient-il ce Prélat dans le diocéſe de Boulogne faire des Ordinations, approuver des Confeſſeurs, donner des diſpenſes, viſiter les Egliſes, conferer les benefices? comme l'Evêque le plus voiſin de la Province, que ne prend-il en main le gouvernement du diocéſe? On ne doit point communiquer avec ceux qui ſont en Communion avec des excommuniez: Eh! pourquoi donc M. d'Amiens communique-t-il avec tant d'Evêques, qui non ſeulement n'ont aucun ſcrupule de communiquer avec M. de Boulogne; mais qui s'en font un devoir & un honneur, & qui croiroient faire un très-grand mal, s'ils rompoient de Communion avec lui?

Il eſt donc viſible que M. d'Amiens eſt ſans ceſſe en contradiction avec lui-même; & que comme il en fait trop, parce que M. de Boulogne n'eſt point excommunié, il n'en feroit pas aſſez s'il étoit vrai qu'il le fût.

C'eſt ce qui arrive, quand on ſe conduit ſans principes, & qu'on n'a d'autre guide que ſes préventions. On veut, & on ne veut pas; ou plûtôt, on voudroit toûjours : car il n'y a point d'extrêmitez où M. d'Amiens ne ſe portât, ſi on le laiſſoit faire. Mais on ſe trouve arrêté, & alors on eſt obligé de reculer, & de dementir ſa propre conduite, parce que les autres n'ont pas les mêmes préventions. Ainſi à force d'en vouloir trop faire on ne fait rien. On veut décrier ſes adverſaires, & c'eſt ſoi-même qu'on detruit.

II. Une autre contradiction dans laquelle M. d'Amiens eſt tombé, c'eſt que dans ſa Lettre à M. de Reims il s'efforce de repreſenter le diocéſe de Boulogne, comme dans la derniere *deſolation*; & dans ſa réponſe à M. de B. pour ſe laver du reproche qu'on lui fait, d'avoir reçû indifféremment tous ceux qui ſe ſont preſentez à lui

pour la Confirmation, ſans ſavoir s'ils étoient inſtruits, il dit qu'*il a compté ſur la vigilance des Curez du diocéſe de Boulogne, qu'il a cru avoir fait à leurs peuples le Catéchiſme avec tant d'exactitude, qu'ils étoient en état de recevoir le Sacrement qu'ils demandoient.*

La contradiction eſt palpable, un diocéſe où les peuples ſont ſi inſtruits, qu'un Evêque n'a pas beſoin de demander le Catéchiſme à ceux qui ſe preſentent à lui pour recevoir les Sacremens, ne ſauroit être regardé comme dans la derniere deſolation. Cependant à entendre M. d'Amiens dans ſa lettre à M. de Reims, la ſituation du diocéſe de Boulogne eſt telle, qu'il veut qu'on prenne tous les moyens poſſibles pour y ſauver la Religion : à qui faut-il croire? eſt-ce à M. d'Amiens écrivant à M. l'Archev. de R. ou à M. d'Amiens écrivant à M. l'Ev. de Boulogne?

III. M. d'Amiens parlant de ſes entrepriſes ſur le diocéſe de ſon confrere, dit dans la lettre qu'il lui écrit qu'il avoit lieu d'attendre ſur ce ſujet des remerciemens, plûtôt que des reproches de ſa part, & qu'il n'avoit garde de croire que ce fût lui faire injure que d'en uſer comme il a fait. En un mot il veut faire entendre qu'il n'a point eu deſſein de bleſſer M. de Boulogne; mais que ç'a été pour lui faire plaiſir qu'il a confirmé un ſi grand nombre de ſes diocéſains.

Cependant ce Prélat écrivant à M. de Reims ſe ſert de cette entrepriſe même, & des diſpoſitions où il dit avoir trouvé les peuples qui ſont venus à lui, comme d'une preuve ſenſible de la prétendue néceſſité de tenir un Concile contre M. de Boulogne : accordez cela. Quelle charité que celle de M. d'Amiens! en verité M. de Boulogne a eu grand tort de ne pas remercier ce Prélat d'être venu indiſpoſer les peuples contre lui, & fomenter la diviſion dans ſon diocéſe. Il a eu grand tort de ne pas te-

L

moigner fa reconnoiffance à M. d'A-
miens, pour avoir reçû à bras ouverts, & avoir loüé hautement ceux
des diocéfains de Boulogne qui s'ad-
dreffoient à lui, parce qu'ils regardoient
leur Evêque comme un excommunié.
Difons les chofes comme elles font.
L'ingratitude de M. de Boulogne envers M. d'Amiens, & la charité de
M. d'Amiens envers M. de Boulogne,
ont autant de realité l'une que l'autre.

IV. Une des raifons dont M. d'A-
miens fe fert pour tâcher de fe juftifier, c'eft qu'il prétend avoir donné
la Confirmation aux inftantes prieres
de la plûpart des peuples, qui ne
croyoient pas que la fanté de M. de
Boulogne lui permît d'adminiftrer ce
facrement.

Il eft certain néanmoins que M. d'A-
miens n'a pas laiffé de continuer à
confirmer les diocéfains de Boulogne;
& même en grand nombre, après la
lettre que M. de Boulogne lui a écrite, pour lui donner avis de fes vifites. Il n'a eu aucun égard aux plaintes de fon confrere. Il a reçu comme
auparavant ceux qui venoient des endroits mêmes où M. de Boulogne
confirmoit actuellement : & il avoit
fi grand peur qu'ils ne lui échapaf-
fent qu'il donnoit la confirmation
pour deux perfonnes feulement, quand
elles étoient du diocéfe de Boulogne.

On ne peut donc fe contredire davantage que le fait M. d'Amiens.
Contradiction dans les paroles, contradiction dans les actions, contradiction dans la conduite, contradiction
par tous. C'eft ce qui refulte de ce
qu'on vient d'entendre. Chofe é-
trange ! que M. d'Amiens ne puiffe
pas écrire deux petites Lettres fans fe
démentir continuellement, & qu'on
n'ait befoin que de lui-même pour lui
répondre.

V. M. d'Amiens prétend n'avoir
point mis la faulx dans la moiffon
d'autrui, parce, dit-il, qu'il n'eft
point forti de fon Diocéfe pour entrer
dans celui de Boulogne.

Comme s'il étoit neceffaire de venir fur le territoire d'un Evêque voifin
pour mettre la faulx dans fa moiffon !
Pourquoi deffend-t-on aux Evêques
de faire aucunes fonctions Epifcopales hors de leur territoire, fans la permiffion de l'Evêque du lieu, fi ce n'eft
pour empêcher qu'ils ne faffent des
entreprifes fur les Diocéfains de leurs
Confreres. La défenfe ne tombe fur
les lieux qu'à caufe des perfonnes qui
les habitent, & dès qu'on trouve
moyen d'éluder cette défenfe, en at-
tirant à foi les peuples d'un autre Diocefe, & leur facilitant les moyens de
fe fouftraire à l'autorité de leur Evêque, on n'en viole pas moins les Canons qui ordonnent aux Evêques de fe
renfermer dans les limites de leurs
Diocefes. On convient que M. d'A-
miens n'eft point forti de fon Diocéfe
pour entrer dans celui de Boulogne.
Mais il a affecté de donner la Confirmation dans les endroits les plus voifins du Diocéfe de Boulogne pour attirer plus facilement les peuples.

Le même Prélat foutient qu'il n'a
point follicité les Diocéfains de Boulogne, & qu'il ne s'attendoit pas à les
voir lorfqu'il eft venu faire fes vifites.

Quand on fçait la part qu'a eu M.
d'Amiens à l'Affemblée Provinciale
de Reims, combien ce Prélat à influé
par fon député à la réfolution qui y a
été prife contre M. de Boulogne, ainfi que lui-même s'en eft vanté chez
une perfonne de confideration de fa
Ville Epifcopale, il eft affez difficile
de fe perfuader que M. d'Amiens ait
indiqué fes vifites fur les confins du
Diocéfe de Boulogne fans deffein. Au
moins ne fçauroit-il nier qu'il ne les
ait continuées avec le deffein de fournir des Mémoires pour le Concile
projetté.

Il ne peut pas dire que quand il a re-
pris fes vifites pour venir du côté de
Montreuil, il ne s'attendoit point à
voir les Diocéfains de Boulogne.

,, J'espere, dit-il à M. de Reims, que
,, ce petit détail que produit le schif-
,, me * dans un Diocése de notre Pro-
,, vince , & dont je ferai encore plus
,, inftruit dans une Miffion & dans les
,, vifites que je m'en vas faire du côté
,, de Montreuil , *toûjours fur les confins*
,, *du Dioce fe de Boulogne* , juftifiera plei-
,, nement la demande que l'Affem-
,, blée a jugé à propos de faire d'un
,, Concile Provincial.

Ce langage s'entend affez , M. d'A-
miens venoit de parler du fpectacle de
plus de quatre mille perfonnes qui s'é-
toient adreffées à lui pour la Confirmation, il efperoit trouver la même
chofe du côté de Montreuil. Il s'attendoit donc que les Diocéfains de
Boulogne viendroient à lui : Cela entroit dans fon deffein. Auffi fes Emif-
faires avoient-ils eu foin de faire courir des billets pour inviter les Paroiffes
voifines de Montreuil à venir recevoir
la Confirmation des mains de ce Prélat. Si la moiffon n'a pas été de ce cô-
té-là auffi abondante qu'il l'auroit
fouhaité , ce n'a pas été manque de
bonne volonté de fa part. Il a reçû à
bras ouverts ceux qui s'y font prefen-
tés. Il eft refté long-tems à Montreuil
& aux environs ; & on affure qu'il a
dit dans une compagnie que ce qui l'y
avoit determiné, étoit *l'arrivée de l'en*
nemi fur les frontieres de fon Diocefe. Il
vouloit parler de M. de Boulogne qui
faifoit fes vifites dans le voifinage de
Montreuil.

Les Miffionnaires de M. d'Amiens
qui font les Capucins, firent ce qu'ils
purent pour exciter du trouble dans le
Faubourg de Montreuil qui eft du
Diocése de Boulogne, fçachant que
M. de B. devoit y confirmer le lende-
main ; mais ils ne purent foulever
que quelques canailles que la prefen-
ce du Curé fit auffi-tôt rentrer dans le
devoir. Et M. de Boulogne étant arrivé , la ceremonie fe paffa avec toute
la tranquillité & l'édification qu'on
pouvoit efperer. C'eft le feul endroit
où il y ait eu quelque tumulte. Partout ailleurs M. de Boulogne a été reçû comme il devoit être. Il l'a été en
quelques lieux avec des honneurs &
des demonftrations de joie extraordinaires telles que M. d'Amiens n'en a
peut-être jamais reçû de pareilles , en
aucun endroit de fon Diocefe. De
forte qu'il y a bien de l'apparence que
ce Prélat n'aura pas trouvé dans le
cours de fes dernieres vifites de quoi
groffir les Mémoires qu'il préparoit
pour le Concile Provincial.

C'eft une perte pour le public. Des
Memoires dreffés avec l'éxactitude
qu'y apporte M. d'Amiens auroient é-
té quelque chofe de bien curieux. On
en voit une ébauche dans fa Lettre à
M. de Reims. Il eft dit que M. de
Boulogne *refufe à fes Diocefains les moïens*
mêmes de fe confeffer foit par un interdit
prefque general des Confeffeurs foumis à la
Conftitution, foit par le refus de leur accorder
le pouvoir d'abfoudre des cas refervés dont
on a fi fouvent befoin, & dont les feuls ap-
pellans font honorés. Ce font les termes
de M. d'Amiens. Il ajoûte que M. de
Boulogne ne reçoit aux SS. Ordres
& aux Bénéfices que ceux qui fe déclarent contre la Conftitution ; &
que des Eccléfiaftiques l'ont affuré
qu'ils feroient déja Prêtres, Vicaires ,
ou Curés, s'ils avoient voulu être appellans.

M. d'Amiens eft bien bon de croire
tout ce qu'on lui dit. M. de B. fou-
haiteroit de tout fon cœur que tous fes
Eccléfiaftiques fuffent appellans ; & il
leurs adrefferoit volontier ces paroles
que S. Paul dit dans une autre occafion. * *Volo omnes vos effe ficut me ipfum.*
Mais il lui fuffit qu'un Eccléfiaftique

---

* M. d'Amiens pouvoit dire du schifme que j'ai caufé. S'il y a du fchifme dans le Diocefe de Boulogne , ce n'eft pas certainement du côté de M. de Boulogne, mais bien du côté de ceux qui penfent &
agiffent comme M. d'Amiens.

* Je voudrois que tous fuffent dans l'état où je fuis moi même. 1. Cor. 7. 7.

rejette la Doctrine de la Constitution : c’est a dire, qu’il reconnoisse la toute puissance de Dieu sur le cœur de l’homme dans les choses qui regardent le salut ; qu’il soit persuadé de l’obligation de rapporter à Dieu toutes ses actions, de la necessité de commencer au moins à aimer Dieu par dessus toutes choses pour pouvoir être reconcilié avec lui, de l’insuffisance de la crainte même surnaturelle quand elle est seule pour obtenir la remission de ses péchés dans le Sacrement ; qu’il suive les regles que S. Charles prescrit aux Confesseurs pour la réconciliation des pécheurs : & que du reste il aime la paix & ne porte pas les peuples à se soulever contre leurs Pasteurs, en declarant que la Constitution est regle de foy. Il suffit, dis-je, qu’un Ecclésiastique soit dans ces dispositions pour que M. de B. lui donne de l’emploi dans son Diocése ; quoiqu’il ne soit point Appellant. Sans être Appellant on peut y prêcher, y confesser, y être admis aux Ordres & aux Bénéfices : & actuellement le nombre des Prêtres approuvés non Appellans n’est pas moindre que celui des Appellans. Il est vrai que M. de B. rejette les furieux & les emportés. Mais qui peut le trouver mauvais, que ceux qui ne respirent que le schisme & la division ?

M. d’Amiens avance que les seuls Appellans sont honorés du pouvoir d’absoudre des cas reservez. On est fâché de lui dire qu’il se trompe. Il n’y a point sur cela de changement dans le Diocése de Boulogne. Les Doyens de chaque district ont le pouvoir d’absoudre des cas réservez comme par le passé, quoique plusieurs ne soient point Appellans. M. de B. ne fait aucune difficulté d’accorder aux Curés qui s’adressent à lui pour certains cas extraordinaires le pouvoir d’en absoudre, & il n’éxamine point s’ils sont Appellans, ou s’ils ne le sont pas, mais seulement s’ils sont exacts dans le tribunal.

Je n’aurois pas voulu que M. d’Amiens pour faire valoir les plaintes des peuples qui sont venus à lui, eût ajoûté qu’on a si souvent besoin du pouvoir d’absoudre des cas reservez. Cela ne s’accorde gueres avec la pieté & le zele, pour la Religion que M. d’Amiens veut nous faire appercevoir dans ces peuples. *Le spectacle édifiant, dit-il, de plus de quatre mille personnes qui sont venus avec empressement demander le sacrement de la Confirmation, & se confesser à nos Missionnaires, auroit tiré les larmes des yeux les plus endurcis..... je me rendois aussi tôt à l’Eglise, ajoûte-t-il, pour satisfaire leur devotion, touché de la pieté de ce peuple qui marquoit tant de zele pour la Religion.*

Mais si de ces quatre mille personnes il y en avoit un certain nombre qui eussent des cas reservez, puisqu’on a si souvent besoin du pouvoir d’en absoudre, selon M. d’Amiens, n’eût-il pas été plus édifiant de les renvoïer sans absolution, & de leur donner le tems de s’éprouver, que non pas de hâter leur reconciliation. Avance-t-on l’œuvre de Dieu par ces sortes de précipitations ? M. de Boulogne, comme il le remarque lui-même dans sa lettre, a été informé que M. d’Amiens recevoit tout ce qui se présentoit à lui sans savoir si on étoit instruit ; & que plusieurs se sont présentez sans avoir été à confesse auparavant : mais il ne lui est point revenu qu’aucun de ceux qui se sont confessés aux Missionnaires de M. d’Amiens ait été remis & renvoyé sans absolution. *Ils protestoient, dit M. d’Amiens, qu’ils ne recevroient point le sacrement de Confirmation de la main d’un Evêque qui leur refusoit les moyens mêmes de se confesser, soit par un interdit presque general des Confesseurs soumis à la Constitution, soit par le refus de leur accorder le pouvoir d’absoudre des cas reservez dont on a si souvent besoin, & dont les seuls Appellans sont honorez.* Voilà ce qui les rendoit dignes
de

de recevoir le faint Efprit : l'oppo-
fition à leur Evêque & la profeffion
exterieure des difpofitions fchifmati-
ques où ils font à fon égard. M. d'A-
miens appelle cela *un fpectacle édifiant,
& capable de tirer les larmes des yeux les
plus endurcis.* D'autres l'appelleroient
avec plus de juftice un fpectacle fcandaleux, & fur lequel il faudroit verfer des larmes de fang.

Tout ceci fuppofe que les Million-
naires de M. d'Amiens avoient le pouvoir de confeffer les Diocéfains de
Boulogne. Mais où trouvera-t-on
que des milliers de perfonnes qui vont
fe confeffer en fraude dans un autre
Diocefe, puiffent être déliées & ab-
foutes de leurs péchez par des Religieux Mandians, qui non feulement
ne font point approuvez pour les Diocéfains de Boulogne ; mais qui favent
qu'actuellement les Religieux de leur
Ordre font fans pouvoirs dans ce même Diocéfe ?

On ne peut s'empêcher de faire ici
une nouvelle remarque fur ce que dit
M. d'Amiens pour relever le preten-
du zéle de ceux qui * couroient à lui,
que les uns y venoient conduits en
proceffion par leurs Curez, les autres
après avoir arraché à leurs Curez qui
ne vouloient pas s'expofer à la colere † de leur Evêque, la permiffion
verbale d'y venir.

Effectivement c'eft quelque chofe
de bien terrible en ce monde-ci que la
colere d'un Evêque Appellant. M.
d'Amiens n'eft-il pas admirable de
fuppofer que ce foit-là le motif qui
ait empêché plufieurs Curez de lui amener leurs Parroiffiens ? Qu'avoient-ils
à craindre d'un Evêque difgracié à
qui on fait tous les jours mille infultes,
fans qu'on fe mette en peine d'y re-

medier ? C'eft ici le temps de l'hu-
miliation pour la verité, & par une
fuite neceffaire pour ceux qui la défendent. Les charnels n'ont rien à
craindre, & ils le favent bien. Si M.
de Boulogne étoit moins fidéle à Dieu,
ils le redouteroient davantage. Mais
pour le craindre aujourd'huy, il faut
avoir de la foi : & tous n'en ont pas.
Non omnium eft fides.

VI. La raifon la plus plaufible qu'apporte M. d'Amiens pour fe difculper
d'avoir confirmé les Diocéfains de
Boulogne, eft le long temps qu'il y a
que M. de Boulogne n'avoit admini-
ftré ce facrement dans le canton de
l'Artois, dont les peuples fe font adref-
fez à M. d'Amiens.

Il eft vrai que fi ces peuples n'a-
voient été à M. d'Amiens que dans
la crainte de ne jamais voir M. de
Boulogne dans leur canton ; & que
M. d'Amiens ne les eût reçûs que par
ce motif, M. de Boulogne n'auroit
à fe plaindre que d'une chofe, de ce
qu'on n'auroit pris avec lui aucune
mefure ; les Curez auroient dû au
moins l'avertir & lui demander les
ordres, afin que tout fe fût paffé avec
édification. Mais il eft vifible que ce
n'eft ici qu'un pretexte de la part de
M. d'Amiens.

On a déja obfervé que ce Prélat
a toûjours continué de recevoir pour
la Confirmation, ceux du Diocéfe de
Boulogne qui venoient à lui ; quoiqu'il fçût que M. de Boulogne avoit
indiqué fes vifites, & devoit confirmer dans les endroits mêmes d'où
étoient ces perfonnes.

Au refte ce qui a fait que M. de
Boulogne a été fi long-temps fans donner la Confirmation dans le canton
dont parle M. d'Amiens, ça été la
M

---

* Doit-on rire, ou pleurer de la complaifance avec laquelle M. d'Amiens fe donne ici en fpectacle, faifant courir après lui des milliers de peuples qui le fuivent, comme s'il eût été un Prophete ? Il y en a de differentes fortes, & c'eft par leurs fruits qu'on les connoît. *Ex fructibus eorum cognofcetis eos.*

† C'eft ici une nouvelle preuve que M. d'Amiens attendoit des remerciemens de M. de Boulogne, & qui a crû lui faire plaifir en confirmant fes Diocéfains. Toûjours même accord de M. d'Amiens avec luy même.

guerre, qui ne lui a pas permis d'y fai-re les visites pendant plusieurs années. La guerre étant terminée, l'affaire de la Constitution est survenüe : & on sait combien elle a occupé M. de B. Ensuite il a été attaqué d'un mal considerable qui n'a que trop duré. Cependant il ne s'est gueres passé d'années qu'il n'ait donné la Confirmation en divers endroits de son Diocése. Il l'a donnée deux fois en trois ans à Calais, & quoique le Diocése de Boulogne soit étendu, il espere cette année achever de confirmer tout ce qui ne l'a point été depuis un temps un peu considerable. S. Pol est l'unique Ville où M. de B. n'avoit pas confirmé depuis long-temps. Il l'auroit fait il y a plusieurs années, s'il y avoit trouvé plus de soûmission & de meilleures dispositions.

VII. Nous finirons ces reflexions par le reproche que fait M d'Amiens à M. de Boulogne de l'avoir traité publiquement d'*ignorant*. M d'Amiens est mal servi dans les rapports qu'on lui fait : il connoît peu M. B. Rien de pareil n'est sorti de sa bouche : & il ne faut pas craindre qu'il tombe jamais dans de tels excès.

M. d'Amiens ajoûte, *que n'étant pas du nombre de ceux que M. de Boulogne appelle les plus distinguez, les plus éclairez, & les plus saints de l'Eglise, il ne peut manquer d'être ignorant.* On ne voit pas la consequence de l'un à l'autre. On peut n'être pas ignorant : on peut même être distingué, éclairé, & saint, sans être le plus distingué, le plus éclairé & le plus saint : M. de B. laisse M. d'Amiens pour ce qu'il est. Mais qu'a de commun ce qu'a dit M. de B. en parlant de l'Université, de la Faculté de Théologie, & du Clergé seculier & regulier de Paris, avec une

lettre écrite à M. d'Amiens, pour se plaindre de son entreprise sur le Diocése de Boulogne ? Falloit-il être si savant pour répondre à M. de B. en supposant qu'il a tort, comme le veut M. d'Amiens ? Non sans doute. Si M. d'Amiens avoit eu de bonnes raisons à opposer à M. de B. il les auroit dites sur le champ avec la même facilité que les mauvaises qu'il apporte. M. de B. ne se donne point pour un Evêque des plus distinguez, des plus éclairez & des plus saints qu'il y ait dans l'Eglise ; & cependant il n'a aucune peine à refuter M. d'Amiens. C'est que M. d'Amiens a une mauvaise cause à soutenir, & que M. de B. en a une qui se soûtient par elle-même, & qui rend éloquens ceux mêmes qui seroient muets.

VIII. En voilà assez pour montrer le cas qu'on doit faire des deux lettres de M. d'Amiens. Sans doute qu'on sera indigné de voir un Evêque garder aussi peu de ménagement que le fait M. d'Amiens à l'égard de son Confrere. Mais ce qui doit achever de revolter tous les honnêtes gens, c'est ce qui s'est passé à Montreuil dans le tems que M. d'Amiens y faisoit la visite de l'Eglise Paroissiale de S. Jacques. Le Curé de cette Paroisse qui venoit d'être nommé à une Cure du Diocése de Boulogne, & à qui M. de B. avoit donné le *visa* pour cette Cure, ayant presenté de l'eau benite à M. d'Amiens à la porte de l'Eglise, comme le Rituel le prescrit, le Prélat s'arrêta, & lui dit qu'avant que de prendre de l'eau benite de sa main, il vouloit sçavoir s'il étoit Catholique. Le Curé surpris de cette demande, M. d'Amiens lui dit qu'il lui étoit suspect, parce qu'il avoit dit que M. de Boulogne n'etoit pas * héritique ; & enfin

---

ª Les termes d'*heritiques* & d'*excommuniez* sont très familiers dans la bouche de M. d'Amiens L'extrait suivant d'une lettre écrite le 4. Août de cette année à un Grand Vicaire de M. de B. par un Gentilhomme Boulonnois qui avoit passé quelque tems dans le Diocése d'Amiens, en est une preuve: *Nous avons été dans un Diocése dont l'Evêque nous regarde*

M. d'Amiens refufa l'eau benite que lui prefentoit le Curé, & en prit lui-même. Ce fait s'eft paffé à la vûë de tout le peuple qui affiftoit à la vifite. On laiffe à juger fi on peut pouffer plus loin le faux zéle.

Qu'on apprenne de là à connoître M. d'Amiens, & dequoi il eft capable. On ne fera point de reflexions particulieres fur ce fait. Il eft des chofes dont le fimple expofé, frappe davantage que toutes les reflexions qu'on y pourroit joindre. 16. Aouft 1723.

XI.
LETTRE*
De M. l'Ev. de Boulogne à M. le Cardinal Dubois premier Miniftre.

Du 5. May 1723.

MONSEIGNEUR,

C'eft un ancien Evêque qui s'adref-fe à vôtre Eminence, dans la confian-ce qu'au milieu de vos grandes & im-portantes occupations, vous voudrez bien lui accorder une audience favo-rable, pour vous rendre compte d'u-ne affaire qu'on lui fufcite : affaire qui par fa nature eft capable d'entraîner après elle des fuites auffi étendues, que la forme de la procedure que l'on vient d'entamer eft extraordinaire.

Je ne diffimulerai point à V. E. que c'eft avec la derniere furprife que j'ai reçû une lettre de M. l'Archevêque de Reims en date du 29. Avril, dont je joins ici la copie. Vous y verrez M.

la déclaration que me fait cet Arche-vêque, *qu'il a rendu compte à l'Affemblée Provinciale de Reims, des differentes plaintes que l'on forme,* dit il, *au fujet de mon gouvernement dans mon Diocéfe;* & que cette affemblée *a chargé fes Députés à l'Affemblée Generale de folliciter auprès du Roi la permiffion de convoquer le Con-cile de la Province afin d'examiner lef-dites plaintes.* V. Em. y verra encore que M. l'Archevêque de Reims juge dès au-jourd'hui *abfolument neceffaire* de faire cet examen.

Le croira-t-on, M. que l'on ne m'ait donné aucune communication de ces plaintes ? On ne m'a pas dit un feul mot de ce qu'elles contiennent, ni devant l'Affemblée, ni depuis. Eft-ce un piége que l'on me tend ? On me met dans la neceffité de deviner moi-même en quoi elles confiftent. En veut-on à ma perfonne ? eft-ce uni-quement à mon gouvernement dans mon Diocéfe? pretent-on feparer l'un de l'autre ? le pourroit-on fans violer toutes les regles, fans former l'entre-prife la plus irreguliere, la plus inouie, la plus contraire aux fondemens de la Hierarchie ?

Si c'eft ma perfonne que l'on atta-que, que l'on fuive donc les regles Canoniques : alors je ferai le premier à demander les Juges que l'Eglife me donne, & à y citer mes accufateurs, bien loin de refufer d'y répondre.

Mais fi c'eft uniquement du gou-vernement de mon Diocéfe que l'on parle, & que l'on veuille l'examiner, en le feparant de ma perfonne ; ou il s'agit de chofe qui concernent la ju-rifdiction contentieufe, & alors la

---

comme des héretiques. Rien n'eft plus pitoyable que les difcours de ce Prélat fur les difputes pre-fentes..... Je puis vous affurer fuivant l'avis de gens de bon fens & capables, que fi les chofes continuent à aller fur le même pied, le Diocéfe d'Amiens, avant qu'il foit peu, fera perdu tant par l'ignorance des ecclefiaftiques, que par leurs mœurs. Si ce font là les fruits de la Conftitution ac-ceptée, eft il bien difficile de juger du merite de cette piece?

Le même Grand Vicaire à qui cette lettre eft adreffée a entendu plufieurs fois de fembla-bles plaintes de la bouche des perfonnes de la premiere diftinction du Diocéfe d'Amiens. Ce feroit certainement un détail de cette nature qui pourroit juftifier la demande d'un Con-cile pour remedier à de tels maux.

* On n'a pû placer cette Lettre dans l'ordre de fa datte, parce qu'on n'en a eu de copie que lorfque l'impreffion de ce Recueil étoit déja fort avancée.

voye est ouverte par l'Appel au Métropolitain , sans qu'il soit besoin d'assembler de Concile ; ou les choses dont il s'agit regardent la jurisdiction purement volontaire & gracieuse , & en ce cas , vous le savez , M. vous qui êtes revêtu du caractere Episcopal , un Evêque n'en doit rendre compte qu'à J. C. seul , & nul Evêque étranger ne doit entrer dans le gouvernement libre & volontaire d'un Diocése qui n'a point été commis à ses soins.

Je suis certain que V. E. m'approuvera , M. dans la resolution où je suis de conserver dans son entier la jurisdiction que J. C m'a confiée. Je parle dans la ferme esperance que sa grace , pour laquelle j'éprouve tant de combats , me soûtiendra. Je joindrai à la défense de la verité , la défense des droits de l'Episcopat , qui me sont communs avec tous les Evêques. Heureux d'y consacrer le peu de jours qui me restent. Je sacrifierai volontiers jusqu'à la vie même , s'il est necessaire , pour les interests de l'un & de l'autre.

Ce n'est pas néanmoins que je croie faire une chose contraire au devoir qui m'est imposé , lorsque j'exposerai avec simplicité devant le Roi & devant le Ministre qui est honoré de sa confiance , les motifs de ma conduite. Si l'Apôtre veut qu'un Chrétien soit toûjours prêt de rendre raison de sa conduite à quiconque la lui demande , à combien plus forte raison est il convenable à un Evêque de le faire devant un Roi qui fait gloire d'être le protecteur de l'Eglise ?

Mais en attendant que l'on me donne connoissance des plaintes , qu'on dit que l'on forme contre mon gouvernement , je supplie V. E. de faire attention à la procédure que l'on suit dans cette affaire. Elle remarquera aisément par la superiorité de lumieres qui lui est propre , qu'une telle maniere de proceder ne va à rien moins qu'à introduire une nouvelle jurisprudence

par rapport au gouvernement de l'Eglise , & aux jugemens de la personne des Evêques.

Quel est l'Evêque qui sera à couvert de pareilles attaques ? Les Assemblées Provinciales deviendront de premiers tribunaux , où il sera libre de les diffamer. Un Evêque sera accusé sur un article ; un autre sur un autre article , & cela sur toutes sortes de matieres. Car V. Em. aura la bonté d'observer qu'on n'allegue pas ici les grands objets qui agitent aujourd'hui l'Eglise : il paroît que ce sont des affaires particulieres dont on a fait la matiere de ma dénonciation. Une Assemblée Provinciale aura donné du corps à des plaintes , qui n'auroient peut-être pas dû être écoutées. Cependant le jugement demeurera en suspens , pendant que l'on sollicitera la tenuë d'un Concile , & que l'on examinera , si les formes Canoniques permettent au non de le tenir , ou si l'on est en état de satisfaire aux conditions qu'elles exigent. Et on commencera à donner un tel exemple par un Evêque qui a blanchi dans le gouvernement des Diocéses & qui est honoré depuis 25. ans du caractere Episcopal. Quelle dépendance pour l'Episcopat ! quelle ouverture à toutes sortes d'accusations contre chaque Evêque ! quel trouble & quelle confusion n'en pourroit - il pas naître , si l'on ouvroit une telle voye ! plus d'autorité , ni de dignité dans les Evêques ; plus de subordination dans les inferieurs , qui seront tentés de tout entreprendre par l'esperance de réussir. Sous pretexre d'apporter la paix dans mon Diocése , on y allumera une guerre universelle , & on semera par tout la discorde & la division.

Les Evêques du Royaume souffriront-ils sans se plaindre qu'on leur impose un tel joug ? abandonneront-ils leur autorité ? consentiront - ils qu'elle devienne le jouet de la passion de quiconque voudra l'attaquer , & la proye de ceux qui seront les plus

puissans

puissans en caballe & en intrigues.

M. l'Archevêque de Reims lui-même a-t-il prévû les suites de la démarche qu'on lui a fait faire ; trouveroit-il bon qu'un Evêque de la Province allât dans le Diocese de Reims recüillir toutes les plaintes que des particuliers y voudroient faire de sa conduite, qu'il vînt ensuite en faire le rapport en son absence à l'Assemblée, pour demander après cela au Roi la permission d'assembler un Concile ? Ignore-t-il néanmoins que les anciens Canons accordent aux Evêques de la Province, & spécialement aux plus anciens de ces Evêques, la même vigilance par rapport au Métropolitain, qu'ils l'accordent au Métropolitain par rapport à chacun des Evêques.

Toutes ces choses, qu'il me soit permis de le dire, Monseigneur, sont dignes de la consideration d'un grand Ministre qui met sa gloire à entretenir dans le Royaume l'ordre & la paix, qui a en aversion tout ce qui pourroit fomenter dans les peuples l'esprit de sédition & de révolte contre les Supérieurs légitimes, & l'esprit de discorde entre les Supérieurs même.

Qu'il plaise donc à V. E. d'interposer son autorité pour arrêter une entreprise si irréguliere, & si injurieuse à l'Episcopat, de se faire rapporter les plaintes dont parle Monseigneur l'Archevêque de Reims, formées contre mon gouvernement, & d'ordonner qu'elles me soient communiquées, j'ose l'avancer, Monseigneur, je me flatte de les dissiper avec facilité, d'en faire connoître à toute la terre l'injustice & la fausseté, & de faire voir que je n'ai rien fait dans le gouvernement de mon Diocese qui ait été contraire aux regles ordinaires de l'Eglise. C'est déja un grand préjugé pour moi, de ce que mes accusateurs ont recours à des voyes si odieuses ; ceux qui sont les promoteurs secrets de ces sortes d'affaires, sont trop habiles & entendent trop bien leurs interêts, pour suivre les routes battues & ordinaires, il convenoit mieux à leur dessein d'en imaginer de nouvelles & de détournées. J'ai l'honneur d'être avec un très-profond respect, Monseigneur, de V. E. Le très-humble, &c. PIERRE, Ev. de Boulogne.

Fautes à corriger.

PAge 9. col. 2. l. 17. d'Ohen, *lisez* Dohen.

P. 10. c. 2. l. 36. *quippiam*, *lis.* quidpiam.

P. 21. *au bas de la page.* Les Conciles se tiennent afin &c. *ajoûtez*, voyez ci-dessus p. 19.

P. 24. c. 2. l. 24. Provincial Regent, *lis.* principal Regent.

P. 27. c. 2. l. 33. menaça, *lis.* menace.

P. 29. c. 2. l. 27. contestés, *lis.* constatés.

P. 30. c. 2. l. 22. d'y voir, *lis.* d'y voir des malades.

P. 32. c. 1. l. 14. écrivoit, *lis.* écrivit.

P. 33. c. 1. l. 18. *Ajoûtez à la fin du Memoire* 30. Juin 1723. *qui en est la datte.*

P. 34. c. 2. l. 3. *effacez ces mots,* Au mois d'Août 1723. *Les six lignes suivantes doivent être en caractere romain, comme étant la suite du Memoire.*

P. 38. c. 2. l. 34. Un Prédicateur, *lis.* Si un Prédicateur.

XII.

LETTRE

De M. l'Archevêque de Reims,
à M. l'Evêque de Boulogne.

De Saverne le 24. Aoust 1723.

JE ne m'attendois pas, Monseigneur, à recevoir de vous une seconde Lettre, sur ce qui s'est passé dans la derniere Assemblée de la Province, aussi content que vous l'êtes de l'impression que vous vous flatiez d'avoir fait dans le Public par la premiere. Je ne m'imaginois pas que vous voulussiez recourir encore à un nouvel Ecrit ; & de mon côté j'avois eû soin de vous marquer la disposition où j'étois de demeurer dorénavant dans le silence. Ce n'est pas le rompre, que de vous accuser simplement la reception de votre Lettre. Par-là, je marque à mon Confrere une consideration à laquelle il me seroit difficile de renoncer ; mais en même tems, je demeure plus persuadé que jamais, que je ne dois pas vous donner occasion d'entasser écritures sur écritures : il faut que j'épargne aux fideles autant qu'il est en moi, le triste spectacle de voir un Evêque s'élever, & revenir tous les jours à la charge contre ses Confreres & contre le Souverain Pontife, & les accuser sans cesse de prévarication, sur des points essentiels à la Foi & à la morale de l'Evangile.

Je ne crains pas cependant, M. que vos efforts puissent jamais prévaloir contre la justice & l'autorité de la Bulle *Unigenitus*. Le Catholique bien instruit ne se persuadera jamais, quoique vous l'assuriez avec tant de hauteur, qu'unis au S. Siege, nous attaquions le premier article du Symbole & le premier Commandement de Dieu, & que nous combattions les plus grandes verités & les plus importantes maximes de la Religion.

Comment se peut-il faire, M. que le constant accord du Chef & du Corps des Evêques, motif si important, & qui a toûjours été invincible dans l'Eglise, ne trouble pas au moins cette securité qui paroît dans vos écrits & dans votre conduite ? Non, quelque assurance que vous vous efforciez d'avoir & de faire paroître, il n'est pas possible que vous ne ressentiez de tems en tems quelques inquietudes sur le parti que vous soûtenez. Pour moi, je ne puis me lasser d'esperer, que moins livré enfin aux mouvemens qu'une fatale prévention & un zele trop vif excitent en vous, vous ne serez pas long-tems sans vous défier de vos propres lumieres, & sans vous repentir d'avoir combattu contre le sentiment unanime de l'Episcopat.

Puisque vous reconnoissez, M. que le rétablissement des Conciles Provinciaux est un des plus grands biens que l'on puisse procurer à l'Eglise ; pourquoi vous opposer à la demande que nous en faisons ? Ce ne peut être, que parce qu'interpretant peu charitablement nos premieres démarches, vous nous attribuez des sentimens de haine & d'animosité. Mais sur quel fondement, & qu'avons-nous fait dans l'Assemblée, qui vous ait pû faire penser ainsi ? Y avez-vous été cité, dénoncé, ou accusé ? Les plaintes qui y ont été portées, ont elles été approuvées & autorisées ? Les avons-nous regardées comme un commencement de procedure & d'accusation canonique ? Nous ne les avons envisagées certainement, que comme des preuves du trouble qui s'est élevé dans votre diocese ; & nous n'en avons conclu autre chose, sinon qu'il y avoit dans l'Eglise de Boulogne de grandes divisions, que votre autorité y étoit attaquée, que l'ordre & la hierarchie y souffroient, & la disposition des esprits y menaçoit d'un schisme. Dans ces circonstances avons-nous pû douter, que le moyen de remedier à ces maux, le plus efficace & le plus honorable pour vous & pour nous, fût de nous assembler au nom de celui qui a promis de préſider au milieu de nous ? A Dieu ne plaiſe, que nous ayons deſiré le rétabliſſement de ces Aſſemblées canoniques, pour vous affliger, pour vous contriſter, pour vous éloigner, ou pour vous ſeparer de notre ſocieté. Nous ne cherchons, M. à nous trouver enſemble, que pour vous unir à nous & à tous les Evêques du monde chrétien, & pour reſſerrer les liens qui nous attachent tous au centre de l'unité Catholique.

Ne craignez donc point de vous joindre à vos Confreres, pour obtenir au plûtôt de la pieté du Roi, la permiſſion que nous lui avons demandée : ſi nos vœux ſont écoutez, venez avec confiance, vous ſerez attendri de nos diſpoſitions à votre égard, elles ne vous laiſſeront rien à deſirer, vous ſerez en même tems édifié des principes ſurs & catholiques qui nous conduiront. Aucun de nous ne vous propoſera pour regle ſon propre ſentiment, ou celui de quelques particuliers, mais la doctrine commune & univerſelle.

Vous m'oppoſez, M. le nom & l'autorité de feu M. le Tellier, l'un de mes prédéceſſeurs. Les ſentimens de ce Prélat ne ſont point douteux. Il regardoit le conſentement univerſel des premiers Paſteurs, comme la loi ſouveraine à laquelle, a-t-il dit pluſieurs fois, tout Evêque doit être auſſi ſoumis que le ſimple fidele. Plein de ces maximes, cet Archevêque auroit été infiniment touché de la diviſion que nous voyons aujourd'hui, & de tous les moyens qu'il ſe ſeroit propoſés pour y remedier, il auroit certainement pris celui du Concile Provincial.

Soyez ſur au reſte, que la Province de Reims ne s'écartera jamais du zele que tout Evêque doit avoir pour la défenſe des droits ſacrez de l'Epiſcopat : nous ne paſſerons pas au delà des bornes que la Religion nous a preſcrit. Nous nous garderons bien de rien entreprendre ſur l'autorité des Conciles Generaux : mais il nous ſera permis de conferer avec vous ſur la neceſſité & ſur l'utilité de celui que vous attendez : en aſſurant le lien de la concorde, en affermiſſant le ſacrement de l'unité Catholique, comme parle ſaint Cyprien dans le texte que vous citez, nous ne troublerons pas l'uſage legitime de l'autorité Epiſcopale, nous le confirmerons au contraire ; & dans le tems que nous ferons tous nos efforts pour diſſiper vos préjugez, & pour vous inſpirer la confiance & l'unanimité, nous ne ſerons pas moins attentifs à réprimer les entrepriſes & les irregularitez de ceux de vos Dioceſains, qu'un zele mal entendu auroit porté à des excès blâmables. Ce ſont là, M. les diſpoſitions où nous ſommes, vous ne devez pas nous en attribuer d'autres. Nous ne vous avons pas donné ſujet de nous ſoupçonner de ſentimens contraires à la doctrine de nos Peres, & aux veritables principes de l'Egliſe ſur la ſainte Hierarchie.

Permettez-moi auſſi de vous dire, que c'eſt ſur ces mêmes principes que vous devez regler votre conduite, & non pas ſur la crainte d'être abandonné par cette partie de votre troupeau que vous regardez comme la plus attachée à votre perſonne. Si la pieté de ces Dioceſains eſt ſolide, ne doutez pas, M. qu'ils ne marchent après vous d'un pas encore plus ferme, quand ils vous verront parfaitement uni au Souverain Pontife & à tous vos Confreres. Le relâchement alors, & la diſſolution que vous reprochez à pluſieurs de ceux qui ſe ſont éloignés de vous, ſe trouveront confondus, & ne pourront reſiſter à la juſte autorité d'un Prelat qui ſe trouvera ſoûtenu par le témoignage uniforme de tout l'Epiſcopat. Je vous en dis aſſez, M. & beaucoup plus que je ne m'étois propoſé de vous dire. En attendant la tenue du Concile Provincial auquel nous aſpirons, je me renfermerai à prier le Seigneur qu'il prépare les eſprits, & qu'il éloigne de vous toute fa-

tion & toute prévension, afin que n'é-
coutant que sa voix & celle de l'Eglise, nous ne parlions tous que le même
langage ; c'est-à-dire, celui de la vérité & de la charité. Je suis, Monseigneur, &c. *Signé*, l'Archevêque de
Reims.

X I I I.

REPONSE

De M. l'Evêque de Boulogne à la Lettre précedente.

Du 23. Octobre. 1723.

JE reçus, Monseigneur, votre derniere lettre datée de Saverne, lorsque je
me disposois à reprendre le cours de
mes visites dans la partie d'Artois de
mon Diocese. Ce voyage qui a été long
m'a empêché de me donner l'honneur
de vous répondre aussi-tôt que je l'aurois souhaité : je le fais aujourd'hui dans
les premiers momens que j'ai de libres
depuis mon retour, & je commence
par vous avouer, M. que j'ai peine à
comprendre pourquoi vous ne vous attendiez point à recevoir de moi une seconde lettre en réponse à votre précedente. Tant de raisons m'engageoient
à la faire, qu'il est étonnant que vous
ayez pû vous persuader que je ne la ferois point. Au moins n'est-il pas aisé
de concilier la persuasion où vous étiez
*que je ne voudrois pas recourir à un nou-
vel Ecrit*, avec la raison que vous en
apportez.

Vous la fondez cette raison, *sur l'impression que je me flatte d'avoir fait dans
le public par ma lettre* du 22. Mai. Qu'il
me soit permis de vous faire remarquer,
M. que vous n'avez pu sçavoir ma disposition à cet égard, que par la lettre
même à laquelle vous répondez. Cela
étant, on ne voit pas comment une disposition que vous n'avez apprise que
par cette lettre, vous a pu faire croire
que je ne vous l'écrirois pas.

Ce seroit à moi, M. à vous marquer
mon étonnement de ce que vous prenez la plume encore une fois, après la
promesse solemnelle que vous aviez faite de demeurer dans le silence : mais je
n'ai garde de trouver à redire que vous
ayiez changé de résolution. Plus vous
écrirez, M. plus j'espere que vous me
donnerez lieu de faire paroître la justice de ma cause. Ne cherchez point
d'autre raison de la multiplication de
mes réponses : je n'ai jamais eu la de-
mangeaison d'écrire pour écrire, &
d'entasser écritures sur écritures : mais
toutes les fois qu'il m'a paru que la verité & la justice demandoient de moi
que je parlasse, j'ai tâché de remplir
ce devoir autant qu'il m'a été possible.
C'est le seul motif qui m'engage à le
faire encore aujourd'hui. Voulez-vous
que je me taise, M. separez ma cause,
si vous le pouvez, de celle de la verité : dès que vous m'aurez mis dans la
necessité de ne pouvoir vous opposer
rien de raisonnable, soiez sûr que je
me condamnerai moi-même à un silence éternel.

Vous êtes choqué, M. de ce que j'ai
dit dans ma derniere lettre, *que mon
appel se réduit à conserver dans leur entier & dans leur étendue le premier article du Symbole, & le premier Commandement de Dieu : à dire que les hommes
sont obligez de rapporter à Dieu toutes
leurs actions, & ne peuvent être reconci-
liés avec lui, qu'en l'aimant* : *à soutenir
que Dieu est tout-puissant sur le cœur de
l'homme, même dans les choses qui regardent le salut.*

Vous appellez cela *s'élever contre les
Evêques & contre le souverain Pontife.*
Non, M. mais c'est s'élever contre la
Bulle *Unigenitus*, qui à la prendre dans
son sens naturel, est manifestement op-
posée à ces deux points capitaux de la
Religion. Autre est le mal de la Bulle,
autre est la faute de ceux qui croient
pouvoir la recevoir, en cherchant à
mettre la verité à couvert. Je n'accuse
point tous les Evêques de combattre
les plus grandes veritez, & les plus im-

portantes maximes de la Religion ; mais on ne peut s'empêcher de voir que la Bulle *Unigenitus* y donne de très-violentes atteintes, & en cela je suis d'accord avec les Evêques qui s'en tiennent aux dernieres explications. Il est visible que sur plusieurs chefs les nouvelles explications sont ouvertement opposées à la Constitution, & la renversent de fond en comble : il ne m'en faut pas davantage pour separer la cause de la Bulle d'avec celle de ces Prelats, puisqu'ils n'ont voulu la recevoir qu'à des conditions qui la fletrissent & la deshonorent.

A l'égard du Souverai Pontife, personne ne fait plus que moi profession de lui rendre le respect & la soumission qui lui sont dûs selon les regles de l'Eglise & les saints Canons. Mais il ne me sera jamais défendu après lui avoir representé humblement qu'on abuse de son nom & de son autorité pour introduire dans l'Eglise des doctrines étrangeres & nouvelles, de recourir au Tribunal de l'Eglise universelle, pour y obtenir la justice qu'on nous refuse à Rome. Si l'on appelle cela *s'élever contre le Souverain Pontife*, c'est n'avoir aucune idée de la soumission qui lui est dûe ; c'est introduire le despotisme dans l'Eglise ; c'est dégrader les Evêques, avilir l'Episcopat, & ouvrir la porte à toutes les erreurs. S. Paul ne s'écarta en rien du respect qu'il devoit au Prince des Apôtres, en lui resistant en face, parce qu'il étoit reprehensible, & qu'il ne marchoit pas droit selon la verité de l'Evangile, & un Evêque ne sçauroit être regardé comme témeraire & présomptueux, quand il s'oppose à des decrets subreptices, dont les consequences ne vont à rien moins qu'à renverser la Religion dans ses fondemens. Plus l'erreur se montre sous un nom respectable, plus nous sommes obligés, M. de nous y opposer avec fermeté. Nous devons, il est vrai, épargner les personnes autant qu'il est en nous, à

cause de leur dignité ; mais (*a*) il ne faut pas que la consideration pour les personnes nous porte à épargner les erreurs.

C'en est une capitale de ne pas reconnoître la necessité de rapporter à Dieu toutes ses actions. Nous avons crû trouver les fondemens de cette erreur dans la condamnation des propositions du livre des *Reflexions morales*, qui regardent la charité. Qu'a-t-on fait à la Cour de Rome, pour nous rassurer sur ce point. Sans parler de tous les rebuts & de tous les mauvais traitemens que nous en avons essuiés, voici un nouveau decret qui nous apprend que nos craintes & nos allarmes n'étoient que trop bien fondées. M. l'Ev. de Rhodez & M. l'Ev. de Bayeux ont condamné des propositions de morale, où l'on enseigne en termes formels, (*b*) qu'on n'est point obligé de rapporter toutes ses actions à Dieu. Que ces paroles de saint Paul : *Soit que vous mangiez, soit que* « *vous buviez, quelque chose que vous fas-* « *siez, faites-le pour la gloire de Dieu*, ne » renferment qu'un conseil ; ou que si « l'on veut que ce soit un precepte, il « est seulement negatif, c'est-à-dire, qu'il « défend simplement de rien faire con- « tre la gloire de Dieu, ou que s'il est « positif, on l'accomplit en effet en fai- « sant des actions qui peuvent d'elles- « mêmes se rapporter à Dieu. «

On y enseigne, (*c*) que Dieu étant le Seigneur souverain de toutes choses, l'homme seroit obligé de rapporter toutes ses actions à Dieu si la loi divine l'ordonnoit, mais que comme cette loi ne l'ordonne point, l'homme par conseil doit à la verité tendre à Dieu comme à sa fin derniere, mais qu'il n'y est point obligé.

On y soûtient, (*d*) qu'il est plus probable que l'homme n'est pas obligé «

---

a Arrogantia non ita careatur, ut veritas relinquatur. *Aug. tract.* 43, *in Joan.*
b Mandem. de Rhod. p. 11.
c Mandem. de Bay. n. 105.
d Ibid. p. 13.

» te , & qu'on a tort de dire que les
» actes humains font moralement mau-
» vais(a) en ce qu'ils ne font point rap-
» portés à une fin conforme à la nature
» raifonnable ; parce qu'il n'y a point
» de loi foit pofitive , foit naturelle qui
» ordonne de rapporter toutes & cha-
» cunes de nos actions à une fin natu-
„ rellement bonne & honnête : & que
„ quand même il y auroit une telle loi ,
„ foit qu'elle foit pofitive , foit qu'elle
„ foit naturelle , elle n'obligeroit pas ,
„ parce qu'elle ne feroit pas fuffifam-
„ ment promulguée.

On ne peut attaquer d'une maniere plus formelle qu'on le fait ici le premier & le plus grand dés Commande. mens , & jamais propofitions n'ont me rité à plus jufte titre que celles-ci la cenfure & les condamnations des Evêques. Cependant qui pourroit fe le perfuader ? le nouveau decret dont je viens de parler , condamne les Mandemens des deux Prélats , *comme contenant des opinions & des doctrines témeraires , fufpectes , injurieufes au Siege Apoftolique , & favorifant des erreurs déja condamnées.* Et ce que la pofterité aura peine à croire , on y declare qu'*on n'approuve ny ne defapprouve les propofitions & les opinions condamnées dans les Mandemens , mais qu'on s'en referve la connoiffance & le jugement en tant que befoin.* C'eft à-dire qu'on n'approuve ni ne defapprouve des erreurs dont le fimple expofé feroit rougir les payens mêmes,& qu'on fe met peu en peine de décider fi l'homme eft obligé d'agir en homme ou en bête.

Appellez vous cela, M. ne donner aucune atteinte au premier Commandement de Dieu? & direz vous encore qu'en parlant comme je fais. c'eft s'élever *contre le Souverain Pontife,* & donner à l'Eglife *le trifte fpectacle* de la rebellion d'un membre contre fon chef? Quel fcandale pour les fideles ! quel triomphe pour les hérétiques & les libertins ! mais en même temps quelle

a Bay. p. 92.

foibleffe dans l'Epifcopat fi nous laiffons paffer de tels decrets fans nous récrier ? Dieu attaqué dans fes droits les plus inconteftables fur le cœur de l'homme dégradé & réduit à la condition des bêtes : la Morale de J. C. rendüe inferieure à celle des Philofophes payens ; & fe taire fur tout cela ? ah , M. Dieu me garde d'une telle prévarication. Quand un Ange defcendu du Ciel viendroit m'annoncer un autre Evangile que celui que j'ai reçu , j'ai appris de l'Apôtre S. Paul à lui dire anathême.

Ne cherchons point à nous faire illufion, M. les grands maux demandent de grands remedes : ce n'en eft point un que de les diffimuler,(b) *Error cui non refiftitur approbatur , & veritas quæ minimè defenfatur opprimitur.* Ce n'eft point parce que vous dirés qu'il n'y a rien à craindre pour le premier article du Symbole, & pour le premier Commandement de Dieu, que cela fera effectivement. Quand une faculté toute entiere de Medecins diroit à un malade qu'il fe porte bien , tandis qu'il eft agité d'une fievre violente, fa fanté n'en feroit pas meilleure pour cela. J'aimerois mieux qu'on lui dît tout d'un coup la nature de fon mal , & qu'on cherchât fans délai à l'en délivrer. Il en eft de même ici, c'eft un fait notoire & public, que les verités les plus importantes de la religion & de la morale de J. C. font attaquées par une multitude d'hommes qui s'élevent de toutes parts pour les renverfer. De ce nombre font ces témeraires auteurs contre lefquels les Ordonnances de Meffieurs les Evêques de Rhodez & de Bayeux ont fevi avec tant de raifon. Quand on lit les articles de doctrine dont M. l'Evéque de Rhodes a exigé la foufcription du Jefuite Cabrefpine l'un d'entr'eux , & qu'il a refufé opiniâtrement, on ne peut s'empêcher de demander fi c'eft un Chré. tien qui a refufé de foufcrire ainfi aux maximes les plus communes & les plus effentielles de l'Evangile. Cependant ce

b Fel. III. Epift. ad Acac.

même homme trouve dans la capitale du monde chrétien une protection qu'on refuse à un Evêque, dont la doctrine est d'autant plus pure, qu'elle est éloignée de celle de ce Professeur. Voilà ce que j'appelle un mal capable d'en produire une infinité d'autres. Faudra-t-il le dissimuler & le taire? Non, M. dans une incendie qui menace de tout consumer, on ne sçauroit crier trop fort pour demander du secours, & on ne sçauroit trop se hâter d'arrêter le progrès des flammes.

Peut-être direz-vous, M. que je m'allarme trop aisément, que le decret dont je parle vient d'un Tribunal qui n'est point reconnu en France, & qu'il n'est pas à craindre que les Evêques du Royaume veulent s'en prévaloir.

Mais n'y a-t-il point eu d'Evêque parmi nous qui ait voulu s'autoriser des Lettres *Pastoralis offi ii* qui n'étoient pas moins contraires à nos Libertés? N'en est-il pas même dans cette Métropole, qui ait voulu me faire un crime de ce que j'ai dis dans une autre occasion contre une entreprise des plus injurieuses du Tribunal de l'Inquisition? D'ailleurs ne sommes-nous Evêques que pour la France, & ne le sommes-nous pas solidairement pour le bien de toute l'Eglise? Combien de nations sont aujourd'hui accoûtumées à recevoir aveuglément tous les decrets du Tribunal de l'Inquisition? L'interêt de tous ces peuples ne doit-il donc pas nous toucher? Pourquoi avons-nous été établis sentinelles dans la maison d'Israël? si ce n'est pour élever notre voix, & la faire entendre chez les peuples les plus éloignés, quand le danger va jusqu'à eux.

Mais est-il bien vrai que le danger ne soit pas pour nous, & qu'en France il n'y ait rien à craindre pour le premier article du Symbole, & le premier Commandement de Dieu? N'avons-nous pas eu la douleur de voir depuis peu un Evêque de cette Province prendre la défense de cette proposition horrible du P. Affermet: *Je dis que Dieu est* *toutpuissant sur le cœur de l'homme, mais non pas à l'égard du salut éternel.* N'avons-nous pas vû un autre Evêque de cette même Province refuser de condamner un Prédicateur qui avoit osé " avancer que dans un acte de contri- " tion, après avoir dit: Seigneur je " vous demande pardon de mes pechez " & je me propose de m'en corriger, " il ne faut pas ajoûter, *moyennant votre* *sainte grace,* parce que par ces paroles on semble rejetter sur Dieu même & sur le défaut de la grace les pechez dans lesquels on vient à retomber. N'a-t-on pas vû encore ce même Evêque refuser de porter son jugement sur des propositions de morale, où l'on détruit le premier Commandement de Dieu, & où l'on enseigne les mêmes erreurs qui ont été condamnées par les Ordonnances de Messieurs les Evêques de Bayeux & de Rhodes? Que dis je, M. n'a-t-on pas vû dans votre propre Eglise un Professeur enseigner, qu'il n'y " a aucun inconvénient à dire qu'un " homme qui auroit vêcu quarante " ans dans l'impieté, & qui auroit reçu " l'absolution sacramentelle, n'ayant " qu'une simple attrition, étant tout " d'un coup surpris par une maladie " mortelle, & ayant perdu l'usage de " la raison, sera sauvé, quoiqu'il n'ait " jamais aimé Dieu, pas même à la fin " de sa vie? Et n'a-t-on pas vû ce mê- " me Professeur soûtenir qu'une contri- " tion fictice ou simulée, que l'on prend " invinciblement pour vraie, suffit pour " recevoir l'effet du Sacrement? N'a-t-il " pas eu la hardiesse d'avancer que la " crainte des peines éternelles qui est le " motif de l'attrition, est le commence- " ment & la couronne de la sagesse. Que " cette maxime du Sage, *Ne tardez pas* " *de vous convertir au Seigneur, & ne dif-* " *ferez pas de jour en jour,* suivant les in- " terpretes, est un conseil, & non un " precepte. "

Toutes ces erreurs & beaucoup d'autres ont été enseignées dans votre Eglise, M. elles y ont été condamnées par votre Faculté de Theologie : mais le jugement des Docteurs a-t-il été confirmé, comme cela devoit être, par celui de leur Archevêque ? Souffrez que je le dise, M. puisque vous m'y forcez aujourd'hui comme par le passé, on bannit, on donne des exclusions, on ôte les pouvoirs dans votre Diocese à ceux qui se sont élevés contre les erreurs du sieur le Roux. Ne craignez-vous point que les mauvais traitemens qu'ils éprouvent ne rejaillissent sur la doctrine qu'ils ont si nettement & si courageusement défendue ?

Si vous êtes l'ami de cette doctrine, séparez la donc, s'il est possible, de la personne de ces Docteurs : enseignez avec force les verités pour lesquelles ils ont combattu. Combattez ceux qui attaquent ces mêmes vérités, & après avoir ainsi mis la verité à couvert, dites à toute l'Eglise : voilà des hommes qui enseignent comme moi la necessité d'aimer Dieu, son pouvoir sur les volontez des hommes, ils ne meriteroient pour cela que des louanges & des récompenses ; mais il est à propos de les proscrire & de les interdire, parce qu'ils ne reçoivent pas une Constitution qui obscurcit ces grandes vérités, ou plûtôt qui les renverse. Dites cela, M. & je ne crains pas que vous persuadiez beaucoup de monde que c'est à tort que je reclame dans mon appel pour le premier article du Symbole, & le premier Commandement de Dieu.

Oui, M. le danger est plus pressant que vous ne voulez le faire croire, ce n'est point moi seul qui m'en apperçois, ce sont des Evêques qui ont blanchis dans les travaux de l'Episcopat : c'est la plus savante Faculté de Theologie qu'il y ait dans l'Eglise, & la plus celebre Université qu'il y ait dans le monde entier : c'est le Clergé le plus florissant qu'il y ait dans le Royaume, je veux dire le Clergé de Paris : ce sont les Corps & les Communautez seculieres & regulieres où les études sont plus cultivées, & d'où sont sortis cette foule de grands hommes dont les ouvrages feront à jamais la gloire de notre Eglise, & l'ornement de notre siecle : ce sont toutes ces personnes, & avec elles des milliers de Pasteurs & d'Ecclesiastiques du second ordre, qui élevent leurs voix dans tous les coins du Royaume, & qui crient depuis dix ans sans discontinuer, que les vérités les plus importantes de la Religion sont dans un danger évident.

Qu'il est fort ce témoignage, M. pour quiconque veut s'y rendre attentif ! est-il naturel que tant d'hommes dans lesquels on ne peut s'empêcher de reconnoître des lumieres & de la pieté dans un degré superieur, souffrent depuis si longtemps toutes sortes de mauvais traitemens, plûtôt que de changer de langage sur cet article ? Ne faut-il pas que le danger où est la Religion soit bien évident, pour les obliger à resister aux Puissances sur ce point, eux qui dans tout autre cas seroient les premiers à donner des marques de la soumission la plus profonde ?

Rassurez-vous donc, M. sur mon compte, & ne craignez pas que je sois agité de remords sur le parti que j'ai pris, c'est pour les prévenir dans le tems & dans l'éternité, que je me suis déterminé à appeller de la Bulle *Unigenitus*. Je sçai ce qu'il en a coûté à plusieurs, pour avoir pris un parti different du mien, & j'ai été témoin des peines & des agitations qu'ils ont souffertes, avant que d'en venir à une acceptation. Combien en ai-je vû entre les Prelats même, dont on vante aujourd'hui l'acceptation, qui auroient été charmés que la Bulle n'eût jamais vû le jour, & qui souhaitoient de tout leur cœur de n'entrer pour rien dans cette malheureuse affaire ? Il n'est pas surprenant que vous l'ignoriez, M. vous étiez alors trop jeune pour être au fait par vous-même de ce qui se passoit dans le Clergé. Je veux croire que si vous aviez vû ce que j'ai vû, & si vous aviez entendu ce que j'ai entendu, vous ne parleriez pas comme vous faites ; & que vous ne m'accuferiez pas de *combattre contre le fentiment unanime de l'Epifcopat.*

Graces à Dieu, je fçai à quoi m'en tenir fur ce point, & j'ai appris depuis longues années à diftinguer entre l'unanimité apparente & l'unanimité réelle. La premiere n'eft que dans les fens & dans les mots. La feconde eft dans les chofes. Quand vous aurez bien prouvé, M. que je combats contre l'unanimité réelle de l'Epifcopat, il vous fera permis de dire que jufqu'à prefent *j'ai été livré aux mouvemens d'une fatale prévention.* Mais en attendant, permettez-moi de croire qu'en refiftant à la Bulle, je n'ai fait que fuivre les lumieres de la raifon & de la foi, & que c'eft précifément parce que Dieu m'a fait la grace de les fuivre, que je n'ai point d'inquietudes ni de remords fur le parti que j'ai embraffé.

Pour ce qui eft des Conciles provinciaux, jamais je ne me fuis oppofé à leur rétabliffement, & fi vous voulez que je vous le dife, M. je regarde d'un œil bien different la demande que l'Affemblée provinciale de Reims avoit chargé fes députez de faire d'un Concile, contre moi & celle que M. l'Archévêque de Sens au nom de l'affemblée générale du Clergé vient de faire pour obtenir le rétabliffement des Conciles provinciaux dans toute la France. Autant que la premiere eft injufte & irréguliere, autant celle ci eft elle conforme aux faintes Régles, l'affemblée dans cette démarche n'a fait que fuivres les traces de celles qui l'ont précedée. Mais quel exemple trouvera-t-on dans l'antiquité, qui puiffe juftifier la conduite de l'Affemblée provinciale de Reims à mon égard.

J'admire, M. que vous reveniez encore à la charge fur ce point, & qu'oubliant ce que vous m'avez dit dans vos lettres précédentes, vous vouliez aujourd'huy me faire croire que je n'ai pas le plus petit fujet de me plaindre de vôtre affemblée, & que loin de chercher à me faire de la peine, elle n'a cherchée qu'à me faire plaifir. Vous me demandez, M. ce qu'a fait cette affemblée qui ait pû me donner lieu de penfer autrement. Prenez la peine de relire mes lettres, & vous l'y trouverez.

Mais quoi ? M'y a-t-on cité ; y ai-je été dénoncé, ou accufé ? Les plaintes qui y ont été portées ont-elles été approuvées ou autorifées ? L'Affemblée les a-t-elle regardées comme un commencement de procédure & d'accufation canonique ? Vous voudriez me perfuader, M. qu'il n'eft rien de tout cela. Il eft vrai que je n'ai point été cité à l'Affemblée, & il ne paroît pas qu'on eut deffein de le faire puifqu'on avoit pris des mefures pour m'empêcher d'y aller, au cas que j'y euffe été difpofé ; mais en auroit-il été de même du Concile s'il fe fut tenu ?

S'il n'y a point eu de dénonciation, ni d'accufation contre moi à l'Affemblée ; il ne falloit donc pas qu'elle chargeât fes députez de folliciter la tenue d'un Concile pour me juger. Si les prétendues plaintes contre mon gouvernement dans mon Diocéfe n'y ont été ni approuvées, ni autorifées, pourquoi me marquiez-vous vous-même, M. dans vôtre lettre du 29. Avril *que s'étoit avec la plus vive douleur que vous vous voiyez obligé de me déclarer que vous n'aviez pû vous empêcher de rendre compte à l'Affemblée de ces prétendues plaintes ?* Pourquoi prononciez-vous dans cette même lettre *qu'il étoit abfolument neceffaire, & qu'il devoit m'importer beaucoup de faire ceffer des bruits qui m'étoient fi défavantageux?* Pourquoi dans la lettre fuivante faifiez-vous valoir contre moi les plaintes des habitans de faint Pol, de Calais, de Dohen, & les murmures des Religieux mandians? Difons les chofes comme elles font, M. vous ne vous attendiez pas alors à la réponfe que j'ai eu l'honneur de vous faire, & vous ne prévoiyez pas que je renverferois avec autant de facilité que

j'ai

j'ai fait ces prétendues plaintes : c'est ce qui nous fait dire maintenant que l'Assemblée *ne les a envisagées que comme des preuves du trouble qui s'est élevé dans mon Diocése, & qu'elle n'en a conclu autre chose, sinon qu'il y avoit dans l'Eglise de Boulogne de grandes divisions, que mon autorité y étoit attaquée, que l'ordre de la Hierarchie y souffroit, & que la disposition des esprits y menaçoit d'un schisme :* à quoi l'on vouloit *remédier par la voye la plus efficace & la plus honorable pour moi.*

C'est-à-dire, M. que vous voulez me persuader que le dessein de l'Assemblée, en sollicitant la tenue d'un Concile, n'a été que de travailler à pacifier toutes choses dans mon Diocése. Mais en ce cas n'étoit-il pas plus convenable de commencer par le vôtre ? Car la division y est plus triste que dans le mien. Qui le croira, M. que le dessein de l'Assemblée ait été de venger mon autorité méprisée, de reprimer l'infolènce des Religieux mandians, & de maintenir l'ordre de la Hierarchie dans mon Diocése ? Qu'en un mot elle ait demandé la tenue d'un Concile pour me faire honneur, loin d'avoir pensé à m'affliger & à me contrister? Si cela est, il faut avouer que je me suis bien trompé, & que j'ai bien mal reconnu les services importans qu'elle étoit disposée à me rendre.

J'ai fait ma visite à Calais où je suis resté pendant huit jours : je viens de la faire à Quernes & à S. Pol. Partout j'ai été reçû avec les témoignages exterieurs de respect & de vénération qui font dus au caractere que j'ai l'honneur de porter. J'ai eu la consolation de voir au milieu de S. Pol, les peuples s'empresser de recevoir à genoux la bénédiction de leur Evêque. La Sénéchauffée & les Officiers de Ville m'ont fait excufe, & m'ont témoigné leur douleur de tous les troubles dont leur Ville a été agitée par le passé. Ils m'ont protesté qu'ils ont fait plusieurs fois leurs efforts pour les calmer ; mais

que leurs bonnes intentions ont toûjours été traverfées par la faction de deux ou trois mutins accoûtumez depuis long temps à foulever le peuple felon leurs inetrêts. Il m'a paru que dans tous les lieux où j'ai été, mes Diocéfains n'étoient point fâchez de me voir. Dois-je, M. attribuer au bruit du Concile projetté contre moi un changement si fubit & si extraordinaire ? Ou plûtôt, n'est ce point qu'on a reconnu par la lecture de vos lettres & de mes réponfes, que je ne fuis pas si aifé à entâmer que mes ennemis le vouloient faire croire ?

Vous m'exhortez à venir au Concile *avec confiance,* s'il se tient. Vous m'asfurez *que je ferai attendri des difpofitions des Prélats à mon égard, & quelles ne me laifferont rien à defirer.* A en juger par la lettre que M. l'Evêque d'Amiens vous a écrite après l'affemblée, rien effectivement n'est plus capable d'attendrir. Peut on lire cette lettre fans verfer des larmes ? Quoi de plus propre à infpirer la confiance ? Vous ajoûtez qu'*aucun des Prélats ne me propofera pour régle fon propre fentiment, ou celui de quelques particuliers. Mais la doctrine commune & univerfelle.* Cela me feroit croire, M. que vous n'avez point lû les Ecrits de M. l'Evêque de Soiffons. Quand vous vous ferez donné la peine de les lire, je fuis perfuadé que vous ne parlerez pas si affirmativement fur ce point.

Vous me marquez encore que le Concile provincial *n'entreprendra point fur l'autorité des Conciles generaux.* Mais croyez-vous, M. que des Evêques qui fe font déclarés contre le parti de l'Appel jufqu'à vouloir faire fchifme (il s'en trouve quelques uns dans cette Province) foient bien en état de conferer fur la neceffité ou l'utilité du Concile que nous demandons ? Pouvez-vous répondre que nos interêts fuffent en fûreté entre leurs mains ? Ne feroit-ce point au contraire nous donner pour juges nos propres Parties ?

A l'égard de feu M. le Tellier vôtre

illuftre prédécesseur dont vous m'avez le premier oppofé l'autorité ; trouvez bon, M. que je m'en tienne à ce que j'ai déja eu l'honneur de vous en dire dans ma derniere lettre. La maxime que vous rapportez de lui ne fait que me le rendre plus recommandable, & ne change rien au témoignage que je lui ai rendu. Je n'ai jamais douté que le confentement univerfel des premiers Pafteurs ne dût être regardé comme la loi fouveraine à laquelle tout Evêque doit être auffi foûmis que le fimple fidéle. J'ai déja reconnu la vérité de cette maxime dans une autre occafion, & je ne manquerai jamais de le faire dans toutes celles qui fe prefenteront. Mais en même temps j'aurai foin de montrer combien l'application qu'on en voudroit faire à la caufe prefente de l'Eglife feroit injufte & illufoire. Si M. le Tellier vivoit encore, M. il vous le diroit avec moi : vous paroiffez affurer le contraire, mais permettez-moi de vous dire que je fuis plus en état de répondre des fentimens de ce grand Prélat que vous ne pouvez l'être : j'entais la raifon par bienféance, M. elle n'eft pas difficile à deviner.

Vous m'objeétés encore que M. le Tellier *auroit été infiniment touché de la divifion que nous voyons aujourd'huy.* En cela, M. vous ne vous trompés pas, & je n'ai garde de vous contredire. Quel fujet d'affliétion pour ce Prélat, fi revenant dans fon Diocéfe il y trouvoit la défolation qui y regne depuis dix ans? Quelle feroit fa douleur s'il voyoit les pierres du Sanétuaire qu'il avoit pofées lui-même, difperfées aux quatre coins du Royaume. Les Miniftres qu'il avoit le plus honorez de fa confiance, traitez comme des excommuniez ; cette faculté de Théologie qui s'étoit renduë recommandable par les foins qu'il avoit pris d'y faire entrer d'excellens fujets, privée de fes membres les plus diftinguez : s'il voyoit toutes ces chofes, M. & toutes celles que je tais par ménagement, que diroit-il, que pen-

feroit-il, & que ne feroit-il pas ?

J'en demeurerai là, M. & je vous laiffe le foin d'y faire vos réflexions, vous me difpenferez auffi de vous fuivre dans le refte de vôtre lettre, je n'y vois rien à quoi je n'aye répondu d'avance, mais j'y vois avec plaifir que vous ne m'attaquez plus fur la Jurifdiétion purement libre & volontaire, & que vous abandonnez enfin la maxime que vous aviez voulu foûtenir à ce fujet. Cela me donne lieu de juger que mes réponfes n'ont point été inutiles : & que fans vous en appercevoir vous en avez profité. J'ofe efperer, M. que celle-ci achevera de vous faire prendre de moi des fentimens plus favorables & que vous ne me reprocherez plus de n'être pas affez uni au fouverain Pontife, & à tous mes confreres.

Ce reproche fur lequel vous revenez fans ceffe m'eft dur, & très dur, perfonne ne l'ayant moins mérité que moi. Ce n'eft pas moi qui me fépare, au contraire je garde la paix avec ceux qui me haïffent ; & je conferve la communion avec ceux qui la veulent rompre. Ainfi M. vos exhortations en faveur de l'unité ne fçauroient me regarder : elles s'adrefferoient mieux, ce me femble, à quelques uns de vos fuffragans que des préjugez, & de fauffes préventions ont portés à des excès fcandaleux contre moi. Si on tenoit un Concile, il faudroit commencer par m'en faire juftice fans quoi je ne pourrois regarder comme juges ceux qui fe font déclarés fi ouvertement pour mes parties. Après cela nous verrions (*a*) s'il n'y auroit point de matieres plus preffées à propofer que celles qu'on pretend qui me concernent. Ce qui eft certain, c'eft que pour peu qu'on voulut m'écouter & procéder felon les Ss. Canons, j'aurois des chofes à dire affez importantes pour mériter qu'on y fît attention.

J'ai l'honneur d'être avec toute la confidération poffible, M. vôtre très humble & très-obéïffant Serviteur.

† PIERRE, Ev. de Boulogne.

---

a Voyez Conc, Arvernenfe an. 535. t. 1, p. 242. edit. Sirmond. can. 2